RAINER / CHINA

ROLAND RAINER
DIE WELT ALS

Zweite unveränderte Auflage

GARTEN-CHINA

AKADEMISCHE DRUCK u. VERLAGSANSTALT GRAZ

Gedruckt mit Förderung des Bundesministeriums
für Wissenschaft und Forschung
Graphische Gestaltung:
Roland Rainer
Gesamtherstellung:
© Akademische Druck- u. Verlagsanstalt, Graz 1979
Printed in Austria
ISBN 3-201-00990-3

INHALT

Vorwort:
WAS KÖNNTE UNS CHINA SAGEN? 7

Einleitung:
MECHANISMEN ODER GÄRTEN 8

I. BAUERN- UND GARTENLAND 11
II. SPARSAMKEIT UND SCHÖNHEIT 30
III. KONTINUITÄT 45
IV. ORDNUNG
    a) Hofhäuser 57
    b) Tore, Torhüter und Geistermauern 89
V. DER PLAN DER STADT ALS BILD DER WELT . . . 113
VI. NATURERLEBNIS 143
VII. GÄRTEN 155
VIII. ALTE PALASTGÄRTEN 163
IX. GÄRTEN IN SUTCHOU UND SHANGHAI 175

Anmerkungen 214
Bildnachweis 214

Vorwort:
WAS KÖNNTE UNS CHINA SAGEN?

Die Frage nach den Überlebensmöglichkeiten einer rasch wachsenden Weltbevölkerung mit steigenden Ansprüchen und einer ganz auf Wachstum und Gewinn eingestellten Wirtschaft in einem begrenzten Lebensraum;

die rasch fortschreitende Zerstörung der biologischen und ökologischen Lebensgrundlagen durch diese wirtschaftliche und technische Entwicklung;

die sonntäglichen Massenfluchten aus den technisierten Städten dieses Wirtschaftssystems, die an Wochenenden und Ferien die Städter und mit ihnen die Welt, aus der sie flüchten, immer weiter hinaustragen, so daß das von bäuerlicher Bevölkerung mehr und mehr entleerte Land nur noch Randgebiet technisierter, großstädtischer Zentren wird.

Eine Welle von Nostalgie, die die große Anziehungskraft der vorindustriellen Welt zeigt;

die Entdeckungen der lebenswichtigen ökologischen, biologischen und psychologischen Zusammenhänge, die gleichzeitig mit den Resten der vorindustriellen Zeit immer schneller – und, wie es scheint – unaufhaltsam – zerstört werden.

Die Ausweglosigkeit der heutigen großstädtischen Situation im Konflikt zwischen „Technik und Wirtschaft" einerseits, hygienischen, biologischen, ökologischen und psychologischen Notwendigkeiten andererseits.

Sollte das alles nicht Grund genug sein, Ausschau zu halten nach Beispielen für erprobte Lösungen solcher Fragen des Zusammenlebens sehr vieler Menschen auf engem Raum, auch wenn es sich um entfernte, bisher wenig beachtete Beispiele handeln sollte?

Muß in einem solchen Augenblick nicht eine Welt von Interesse für uns sein, die vielen hundert Millionen Menschen seit drei- bis viertausend Jahren auf verhältnismäßig kleinem Raum ein zutiefst kultiviertes Dasein ermöglicht hat – IN EINER NICHT ALS MECHANISMUS KONSTRUIERTEN, SONDERN ALS GARTEN GEWACHSENEN WELT?

Deshalb ist der Verfasser der Kulturabteilung des Österreichischen Außenamtes ebenso wie der Botschaft der Volksrepublik China in Österreich sehr dankbar, daß sie ihm im Jahre 1973 ermöglicht haben, Wohnhäuser und Gärten Chinas zu besuchen und den chinesischen Dienststellen und Persönlichkeiten in Wien und Peking für die große Hilfsbereitschaft und Gastfreundlichkeit, die sie ihm dabei erwiesen haben, ebenso für die Überlassung wichtigen Bildmaterials. Außerdem ist der Verfasser dem Österreichischen Museum für Völkerkunde, besonders Herrn Dr. Janata, sowie dem Österreichischen Museum für Angewandte Kunst, besonders Herrn Dr. Fux, für ihre Unterstützung und Hilfe zu Dank verpflichtet, nicht weniger seinem Begleiter und Mitarbeiter Architekt Dr. Wilfried Posch.

Nicht zuletzt aber danken Verfasser und Verlag dem Österreichischen Bundesminister für Wissenschaft und Forschung, Frau Dr. Hertha Firnberg, ganz besonders für die verständnisvolle und großzügige finanzielle Förderung der Drucklegung.

Einleitung:
MECHANISMEN ODER GÄRTEN

Durch eine Fülle von Publikationen verschiedenster Art sind japanische Gärten seit vielen Jahren zum Gegenstand weltweiter Bewunderung geworden, und das hat zweifellos sehr zum Verständnis einer Kultur beigetragen, in der Naturbeziehung seit jeher eine wesentlich zentralere Rolle spielt als in der westlichen Welt.

Aber über chinesische Gartenkunst liegen seit den klassischen Berichten von Attiret und Chambers, die Europa im 18. Jahrhundert so beeindruckt und beeinflußt haben, und dem 1949 erschienenen Buch Sirén's „Gardens of China" nur sehr wenige eigene Veröffentlichungen vor – trotz des unvergleichlichen Reichtums dieser Gartenkunst, die hinsichtlich ihrer Beziehung zur östlichen Philosophie, hinsichtlich Raumgestaltung und Beziehung zu Architektur und Landschaft westlichem Verständnis sehr leicht zugänglich wäre, und obgleich zum Beispiel Loraine Kuck in „The World Of The Japanese Garden" kürzlich gezeigt hat, daß China schon um 600 v. Chr. die entscheidenden Anregungen für die Entstehung des japanischen Gartens gegeben hat, sowie etwas mehr als tausend Jahre später für die Entstehung des englischen und damit in der Folge des kontinentaleuropäischen Landschaftsgartens.

Abgesehen davon dürfte aber chinesische Siedlungs- und Gartenkultur im weitesten Sinne, dürfte der Geist, in dem das zahlreichste, im dichtest besiedelten Land der Welt lebende Volk seine Umwelt in einem jahrtausendealten, höchst kultivierten Dasein gestaltet – als Garten gestaltet! – hat, niemals von größerem Interesse gewesen sein als jetzt, da sich eine lawinenartig anschwellende Weltbevölkerung angesichts der Unvermehrbarkeit des Lebensraumes und des beginnenden Schwindens der Rohstoffvorräte am Anfang einer lebensbedrohenden Krise und letzten Endes mit Problemen konfrontiert sieht, deren sehr konsequenter Lösung China seine jahrtausendealte Existenz verdankt.

Das betrifft nicht nur die sprichwörtliche und für unsere Vorstellung unglaubliche Fruchtbarkeit einer höchst arbeitsintensiven, gärtnerisch betriebenen Agrikultur, sondern ebenso jene chinesischen Traditionen, die auf die Weiterführung aller natürlichen Kreisläufe, auf die sorgfältige Erhaltung jeder Tradition, allen geistigen Erbes, aber auch aller stofflichen Substanz gerichtet waren und sind, und die letzten Endes auf einer Weltanschauung beruhen, die im Menschen nicht den „Herrn" sieht, der sich die Erde untertan gemacht hat und damit zu ihrer Ausbeutung berechtigt fühlt, sondern nur als ein Lebewesen unter vielen anderen.

„Nun ist das, was man die Welt nennt, die Einheit aller Geschöpfe", sagt Dschuang Dsi[1], der neben Laotse wohl bedeutendste taoistische Philosoph Chinas, um 350 v. Chr. Welch andere Welt als jene, die wir in dem bekannten Satz vor Augen haben: „Der Mensch einerseits, die unbeseelte Natur andererseits."

„Ein recht verstandener Humanismus müßte die gegenwärtige Menschheit paradoxerweise auffordern, ihren Humanismus zu mäßigen und von den großen Religionen des Fernen Ostens – zum Beispiel dem Buddhismus – zu lernen, daß der Mensch letzten Endes nur ein Lebewesen unter anderen ist, das nur unter der Voraussetzung weiterleben kann, daß es diese anderen respektiert", stellt Levi Strauss fest, während Carl Amery[2] ja umgekehrt zu zeigen versucht hat, wie die gegenteilige Einstellung die heutige Existenzkrise der großen Industriestaaten verursacht hat.

„Für die Chinesen sind Menschengeschichte und Naturgeschichte stets identisch gewesen" sagt L. Abegg.[3]

Angesichts der Probleme, die die extrem gesteigerte Dichte westlicher Stadtzentren einerseits, die Verdünnung der Außengebiete und die Entleerung des flachen Landes andererseits uns heute stellt, sollte man eigentlich auch den in China so allgemeinen und selbstverständlichen Grundsatz konsequenter Dezentralisation – sowohl in städtischen als auch in ländlichen Räumen – zu beachten und zu verstehen beginnen.

Was diese chinesischen Methoden und Ergebnisse im Hinblick auf unsere heutigen ökologischen Probleme bedeuten, hat Dr. Bernd Lötsch, Leiter des Ludwig-Boltzmann-Institutes für Umweltwissenschaften und Naturschutz, Wien, folgendermaßen zusammengefaßt:

„Im neuen China hat man trotz tiefgreifender politischer und sozialer Revolutionen DEM GEBOT ÖKOLOGISCHER SACHZWÄNGE GEHORCHEND die wesentlichen Züge der traditionellen, chinesischen Landwirtschaft beibehalten. Das bedeutet eine HOHE UND KRISENFESTE ARBEITSKRÄFTEBINDUNG AUF DEM LANDE. Die hohe ARBEITSINTENSITÄT vermag ökosystemschonende Verfahren mit PERFEKTEM Recycling fortzuführen und dabei mit einem MINIMUM AN CHEMISCHEN FREMDSTOFFEN und technischem Energieeinsatz auszukommen. Die Hektarerträge der chinesischen Landwirtschaft liegen im Spitzenfeld des Weltvergleiches, bezogen auf den Energieeinsatz (Erdöl u. ä.) erweist sie sich als besonders überlegen. Mit Recht wurde daher wiederholt vorgeschlagen, chinesische Prinzipien zu Modellen für die dritte Welt zu machen – dies gilt natürlich in erster Linie in agrarökologischer und soziologischer Beziehung, nicht notwendigerweise für die politische Situation. Bei einer derartig hohen Nutzungsintensität zu einem anthropogen stabilisierten biologischen Gleichgewicht gefunden zu haben, ist die Leistung der chinesischen Kultur und steht mit den Wurzeln asiatischen Denkens in ursächlichem Zusammenhang. Ökosysteme werden als Lebensräume empfunden, in denen wir zu Gast sind, ein lebendiges Ganzes, das uns für eine Zeit zu Nutzung und Betreuung anvertraut ist. Der chinesische Ahnenkult fördert das Denken über Generationen und damit das Verantwortungsbewußtsein für KOMMENDE Generationen. Das Denken in so langen Umtriebszeiten ist eine Grundlage ökosystemgerechten Verhaltens, die in klarem Gegensatz zur kurzfristigen Gewinnmaximierung modernen westlichen Denkens steht. Tabus, zum Teil aus religiösen Vorstellungen kommend, zum Teil als Ergebnisse überindividueller Erfahrungsakkumulation über Generationen, erweisen sich bei Prüfung durch moderne Beobachter als ökologisch überaus sinnvoll."

Die größte Faszination alter chinesischer Kultur geht wohl von der lückenlosen Konsequenz einer strengen, alle Lebensbereiche gleichermaßen umfassenden Ordnung aus und von der Klarheit, mit der sie überall mit optischen Mitteln, vor allem der Architektur, sichtbar gemacht wird, so daß sie allen Bewohnern jederzeit verständlich und gegenwärtig ist. Schon eine aus Bildern bestehende bzw. von ihnen abgeleitete Schrift bildet ja zweifellos ein wichtiges Element starker Bildhaftigkeit dieser ganzen Kultur, und die hohen Ansprüche, die das Erlernen vieler tausender Bild-Schriftzeichen an unzählige Generationen gestellt hat, muß grundlegend zur Entwicklung eines allgemein hohen optischen Niveaus beigetragen haben.

Ihre Überzeugungskraft beruht aber vor allem auf der bekannten, vom Städtebau bis zum kleinsten Haus reichenden Übereinstimmung aller gebauten Räume mit grundsätzlichen Vorstellungen, so daß die Stadt als vom Menschen gebaute Welt auch seine Vorstellung vom Universum verkörpert – man könnte sagen, daß sie gleichsam ein gebautes Mandala darstellt.

Dieser Symbolgehalt hat der Bildhaftigkeit ihre Allgemeingültigkeit und Suggestionskraft gegeben.

Als kleinste Zelle dieses Systems bleibt zum Beispiel das Wohnhaus mit seinen Außenräumen immer ein in sich geschlossener, unantastbarer Mikrokosmos, und solcherart etwa das, was Soziologen wie H. P. Bahrdt[4] sich von der modernen Wohnung wünschen. Aber auch andere aktuelle urbanistische Wünsche des heutigen Westens, zum Beispiel die nach Identifizierbarkeit und nach Ausdruckskraft des Stadtbildes erscheinen in China in einfacher und wirkungsvoller Weise erfüllt. Eine uns so gut wie unbekannte, aber wichtige Gesetzmäßigkeit besteht auch hinsichtlich des symbolischen Charakters der Farbgebung. Wenn zum Beispiel Gelb die Farbe des Kaisers war, Rot die aktive Kraft im Universum bedeutet, und sich in Peking der von goldgelben Dächern gekrönte Kaiserpalast mit hohen zinnoberroten Mauern über einem Meer schwarzer Dächer ebenerdiger Hofhäuser erhebt, symbolisiert diese „einleuchtende" städtebauliche Gestalt die Welt- und Gesellschaftsordnung lapidar. Solche Wirkung ist mit dem Symbolgehalt der Silhouette mittelalterlicher Städte mit ihren dominierenden Kirchtürmen über gleichartigen Bürgerhäusern vergleichbar oder den auf weite Sicht von Moscheen und ihren Minaretten überragten Silhouetten islamischer Städte. Gewisse Ähnlichkeiten alter chinesischer Methoden mit denen unserer vorindustriellen Zeit ändern an ihrer Aktualität gar nichts, denn wir werden im Gegenteil im Hinblick auf eine voraussichtlich bevorstehende „nachindustrielle" Periode auch aus unseren eigenen vorindustriellen Methoden lernen können. Die neueste Welle von „Nostalgie" deutet vielleicht ein allgemeines Empfinden dafür an.

Freilich sind die Grundsätze, nach denen China seine Welt auf eine höchst dauerhafte und kultivierte Weise gestaltet hat, gewissen „modernen" Auffassungen so fremd, daß gerade jene entscheidenden, wesentlichen Züge, die in den Methoden der Landwirtschaft, dem Grundsatz der Dezentralisation, der Vorherrschaft des kleinen Hofhauses, dem Symbolgehalt von Form und Farbe und den strengen städtebaulichen Gesetzmäßigkeiten zum Ausdruck kommen, von den Europäern, die China besuchen, kaum verstanden, ja offenbar meist nicht einmal bemerkt worden, wie Chinaberichte der letzten Zeit beweisen. Gerade diese merkwürdige Tatsache zeigt aber, wie nötig hier eine gründliche Objektivierung unseres Betrachtens und Denkens wäre.

Vielleicht könnte uns in dieser Situation der unwiderstehliche Zauber, den chinesische Gärten auf die Besucher aller Zeiten ausgeübt haben, auch zu der unvoreingenommenen Betrachtung der Hintergründe, der grundsätzlichen chinesischen Auffassungen über die Gestaltung der Umwelt helfen, aus denen für die Lösung der vor uns stehenden Fragen unter Umständen einiges zu lernen wäre.

Diesem vielleicht wenig aussichtsreich erscheinenden Versuch soll die vorliegende Arbeit dienen, die ja nicht von einem „Fachmann", von einem Kulturhistoriker oder Sinologen, sondern von einem Laien verfaßt ist, dessen Beruf es ist, unsere gebaute Umwelt mitzugestalten, und der sich dabei täglich mit der für unsere jetzige westliche Welt so charakteristischen Ausweglosigkeit einer städtebaulichen Situation konfrontiert sieht, deren Probleme nicht durch materielle Schwierigkeiten, nicht durch Mangel, sondern durch materiellen Überfluß, aber auch durch Bürokratie, Vorurteile, Voreingenommenheiten und rücksichtslose Herrschaft von Interessengruppen, also offenbar durch falsche Grundkonzepte verursacht sind, so daß jedenfalls ein gründliches Umdenken nötig erscheint, wenn die großen Städte, in denen der heute in jeder Hinsicht ausschlaggebende Teil der Menschheit lebt, wieder bewohnbar, wieder dem menschlichen Leben und seinen Bedürfnissen gerecht werden sollen.

Bauernarbeit. Chinesischer Scherenschnitt

I. BAUERN- UND GARTENLAND

„Sehr erhabener Himmel,
Herrscher von Oben,
welcher die Erde einhüllt
und Leben hervorbringt,
die Winde und den Lauf
der Gewässer lenkt.
Sehr erhabener Himmel,
ewiger,
Ich, erster unter den Menschen,
Kaiser Tschao,
ich danke Dir für alle
Deine Wohltaten.
Sehr fruchtbare Erde,
die der Himmel regiert,
die Sonne, der Regen
lassen Deine Gaben wachsen.
Friedlich und geduldig
ernährst Du die Menschen.
Ich, der Herrscher
des Reiches der Mitte,
ich danke Dir für alle
Deine Wohltaten."

Kaiser Tschao, ca. 100 v. Chr.[5]

„In den Tempel des Himmels begibt sich der erhabene Kaiser-Vater. Er verneigt sich im unbeweglichen Mittelpunkt des Reiches der Mitte. Er sagt:
Die Dornen und die wilden Sträucher auf meiner Besitzung sind verbrannt worden. Die geackerten Felder bringen eine reiche Ernte.
Unsere Speicher sind voll und ich bringe eine Opfergabe dem mächtigen Himmel. Die schönsten Stücke Vieh aus unseren Herden werden abgehäutet und zubereitet, und der reinste Wein wird in eure Trinkgefäße fließen. Die Glocken, die Trommeln und die Flöten werden die Opferung feiern.
Die Feierlichkeit wurde zum festgesetzten Zeitpunkt und vollständig durchgeführt.
Mögen unsere Söhne und die Söhne unserer Söhne diese Feier immer abhalten."

Buch der Oden, etwa 1000 v. Chr.[6]

Demgegenüber hat Chateaubriand gesagt:
„Die Wälder waren vor den Menschen da, und die Wüsten folgen ihnen nach." Und sein Wort gewinnt augenblicklich neue, weltweite, erschreckende Aktualität, da – über die schrankenlose Technisierung der Industrieländer hinaus – die Wälder Afrikas und Indiens von den Methoden und Maschinen der „Wirtschaftsentwicklung" niedergewalzt werden, die dichten Urwälder Vietnams auf unabsehbare Zeit bis in die Tiefe der Erde hinein vernichtet worden sind, und selbst die Tropenwälder Brasiliens in Gefahr geraten, so daß die besonders empfindlichen ökologischen Systeme dieser Klimazonen in einer Weise bedroht erscheinen, die auch andere Erdteile mit in Gefahr bringt, „verwüstet" – Wüste! – zu werden.

Die ostasiatischen Kulturen aber haben bisher nach mehrtausendjähriger Existenz doch überwiegend nicht Wüsten, sondern Gärten hinterlassen, auch wenn dort stellenweise 850 Menschen auf dem Quadratkilometer leben, wie zum Beispiel in Java.

Wenn man sich seit einiger Zeit zu fragen beginnt, auf welche Weise und wie lange eine „explodierende" Weltbevölkerung mit rasch steigenden Lebensansprüchen und einer durchwegs auf Wachstum, auf Expansion gerichteten Wirtschaft in demselben, unvermehrbaren Lebensraum wird weiter existieren können, dann muß es von Interesse sein, wie sich das zahlreichste Volk der Erde auf begrenztem Raum mehrere Jahrtausende lang eine hohe Kultur erhalten konnte:
Sieben- bis achthundert Millionen Einwohner auf einer Fläche, die kaum so groß ist wie Europa; in den ausgedehnten Tiefebenen an den großen Strömen Bevölkerungsdichten wie in den dichtest besiedelten kleinen westeuropäischen Industriestaaten, und Millionenstädte schon zu einer Zeit, als Paris erst 100.000 Einwohner hatte.

Nanking im 6. Jh.:	1.000.000 Einwohner
Ch'ang-an im 7.–10. Jh.:	mehr als 1.000.000 Einwohner
Hang-chou um 1275:	1.000.000 Einwohner
Peking zu Ende des 13. Jhs.:	2.000.000 oder 3.000.000 Einwohner
Paris im 13. Jh.:	100.000 Einwohner
Byzanz 1453:	180.000 Einwohner
Paris im 15. Jh.:	200.000 Einwohner
Venedig zu Anfang des 15. Jhs.:	200.000 Einwohner[7]

Ein altes, autarkes Agrarland mit so großen Städten muß seit langer Zeit dicht besiedelt gewesen sein, offenbar als Folge einer höchst arbeitsintensiven, gärtnerisch betriebenen Landwirtschaft mit einer für unsere Verhältnisse unglaublich hohen Fruchtbarkeit.

Über die weltanschaulichen und gesellschaftlichen Voraus-

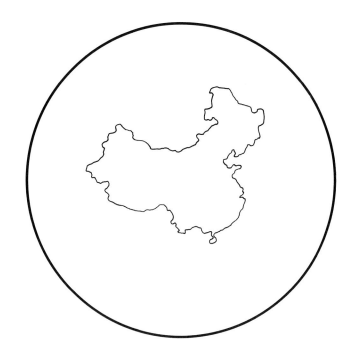

China: 871 Millionen Einwohner auf 9,600.000 km²

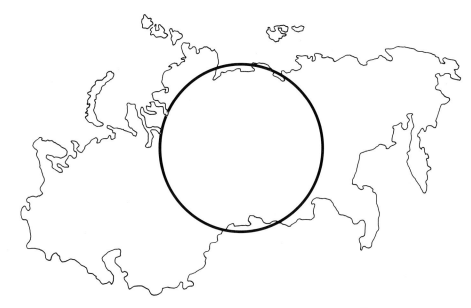

UdSSR: 252 Millionen Einwohner auf 22,402.000 km²

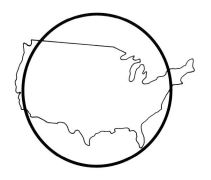

USA: 211 Millionen Einwohner auf 9,363.000 km²

setzungen dieser für die Zukunft so entscheidenden Frage gibt eine chinesische Quelle aus dem 3. Jahrhundert v. Chr. Auskunft. Im „Frühling und Herbst des Lü Bu We" heißt es: „Hou Dsi sprach: Warum man das Pflügen und Weben wichtig nehmen muß, das ist, weil das die ursprüngliche Kultur ist. Darum pflügt der Himmelssohn an der Spitze der Fürsten das kaiserliche Opferfeld persönlich, und die Räte und Staatsmänner haben alle ihre Beschäftigung dabei. Darum, wenn man die Zeit für das Wichtignehmen des Ackerbaues verwendet, so sind die Bauern nicht in der Hauptstadt zu sehen. Dadurch lehrt man die Menschen die Gaben der Erde verehren.

Die Königin fütterte an der Spitze der neun Hofdamen die Seidenraupen auf dem Anger und pflanzte Maulbeerbäume auf dem staatlichen Land, so waren während des ganzen Jahres hänferne und seidene Arbeiten da, um die Erziehung der Frau zu fördern.

Darum brauchte der Gatte nicht zu weben und hatte Kleidung, die Gattin brauchte nicht zu pflügen und hatte Nahrung. Männer und Frauen lebten in Arbeitsteilung, um so ihr Leben zu verlängern. Das ist die Art der Heiligen.

So nahmen sie die Zeit wichtig und sparten die Tage. Wer nicht alt war, durfte nicht müßig sein, wer nicht krank war, durfte nicht ruhen, wer nicht tot war, auf den wurde nicht verzichtet. Ein Bauer eines Feldes erster Klasse kann neun Menschen ernähren, ein Bauer eines geringeren Feldes fünf, und zwar eher mehr als weniger. Einer ist mit Besorgung des Feldes beschäftigt, zehn haben dadurch zu essen, und die Haustiere sind alle noch mit inbegriffen. Das ist der Weg, die Erde voll auszunützen."[8]

1919 berichtet Arthur von Rosthorn:

„Die Ergiebigkeit der Landwirtschaft dürfte nirgends ihresgleichen haben. Die erstaunlichste Leistung ist aber der Gemüsebau in der Nähe der Städte; da kann man sehen, wie in einer Saison fünf- bis sechsmal angebaut und geerntet wird, was allerdings intensivste Pflege und unaufhörliche Zufuhr von Düngestoffen und reichliche Bewässerung voraussetzt. Auch in China bewährt sich der Satz, daß in der Landwirtschaft Höchstleistungen nur im Kleinbetriebe möglich sind und die rationellste Bewirtschaftung bei einer Aufteilung des Landes in gleiche Parzellen von mäßigem Umfange erzielt wird.

Bei dieser Bewirtschaftung ist es kein Wunder, daß China das billigste Land der Welt ist. Billige Lebensmittel ermöglichen billige Arbeitskräfte, wie sie solche voraussetzen. Dieser Kreislauf – billige Lebensmittel, billige Arbeit – ist ein

Gesetz, welches nicht nur für China, sondern für die ganze Welt gilt und dessen Umkehrung wir in Europa soeben erleben."[9]

1932 bezeichnet Leberecht Migge „China, das Gartenreich der Mitte, ... als ein Schulbeispiel für die ländliche Existenz eines dicht besiedelten Landes auch ohne dominierende Stadtkultur"[10] und weist auf F. King hin, der in „Forty Centuries" die außerordentlich hoch entwickelten Methoden chinesischer Landwirtschaft genau beschreibt[11].

„In China und Japan ernähren sich je zwölf Personen mit Vieh von einem Hektar Landwirtschaft. In Mitteleuropa ernähren 16 Hektar Landwirtschaft vier Personen mit entsprechendem Viehbesatz" berichtet Mattern 1964.[12]

An der besonderen Hochschätzung bäuerlicher Arbeit hat sich in China offenbar bis heute nichts geändert; sie kommt zum Beispiel in den gegenwärtigen Propagandaspielen der Jugend zum Ausdruck, bei denen es immer wieder um die Hilfe geht, die Soldaten, Kinder, aber auch Erwachsene aller Berufe den Bauern leisten, oder in der Gartenarbeit, bei der man zum Beispiel Studenten morgens im Garten der Universität antreffen kann, vor allem aber wohl in den Grundzügen einer Politik der grundsätzlichen Dezentralisation, die dem flachen Land die Arbeitskräfte erhält, gewerbliche und kleine Industriebetriebe in den Dörfern ansiedelt, statt dauernd wachsende großstädtische Ballungsräume auf Kosten eines immer mehr entleerten Landes bis zur Unerträglichkeit immer weiter mit Arbeitsstätten und Arbeitskräften zu belasten, wie das trotz aller gegenteiligen landesplanerischen Erkenntnisse in den westlichen Industriestaaten dauernd geschieht.

Auch heute ist nicht nur Peking von großen, überaus gepflegten Gärtnereien mit dichten Netzen von Bewässerungsgräben und Windschutzwänden aus Schilf umgeben; in den niederschlagsreichen Gegenden bei Shanghai oder Kanton findet man raffinierte Grabensysteme für Be- und Entwässerung, wobei sogar die Böschungen der Grabendämme mit Gemüse bepflanzt werden oder zum Beispiel die Bahndämme auf der Strecke Shanghai–Peking stellenweise mit mehreren Reihen junger Bäume.

Auch in den sorgfältig gepflegten Alleen der Städte, von denen neuere in Nanking oder zwischen Peking und seinem Flughafen aus zehn und mehr Reihen Bäumen bestehen, kommt die das ganze Land bis heute durchdringende hohe Gartenkultur zum Ausdruck.

Ein heutiges chinesisches Wort: „Wir besticken unser Land" – dieser Vergleich der Gartenkultur mit einem besonders ver-

---

Nach mehrmonatigen Studien in Japan, Korea und China schrieb Dr. F. H. King, Professor der Agrikulturphysik an der Universität Wisconsin und Chef der Abteilung für Bodenbehandlung im Landwirtschaftsdepartement der Vereinigten Staaten, im Jahre 1911 ein kleines Bändchen „Farmers of Forth Centuries", das für den, der sich für den intensiven Ackerbau im fernsten Osten interessiert, fesselnd ist.

Das Ergebnis seiner Beobachtungen läßt sich etwa so zusammenfassen: Wir (das heißt die Amerikaner) sind Anfänger, die einen extensiven Ackerbau treiben, so daß wir im Vertrauen auf die Mineraldüngung große Massen des natürlichen Düngers aus sanitären Gründen in die Flüsse und ins Meer spülen lassen. Früher oder später, wenn unsere Bevölkerungszahl größer geworden ist, werden wir nach dem Osten gehen müssen, um dort die intensive Kultur zu erlernen, wie sie unter sorgfältigster Ausnutzung aller natürlichen Düngemittel, aber ohne Kenntnis der Kunstdüngung, in China, Korea und Japan seit Jahrtausenden betrieben wird und die volle Fruchtbarkeit des Ackers gewährleistet. ...

„Es war seit langem mein Wunsch, den Ackerbau Chinas, Koreas und Japans persönlich kennenzulernen, durch seine Felder zu wandern und durch das Studium seiner Methoden, seiner Geräte und der Verfahren, welche die ältesten Ackerbauer der Welt durch jahrhundertelange Anforderungen und Erfahrungen ausgebildet haben, zu lernen. Es war mein Wunsch, zu erfahren, wie es die östlichen Völker zuwege bringen, nach zwanzig oder vielleicht dreißig, ja möglicherweise vierzig Jahrhunderten Ackerkultur eine solche Ertragsfähigkeit ihrer Felder zu erhalten, daß sie eine so dichte Bevölkerung, wie sie jetzt in diesen Ländern besteht, ernähren können.

Ich habe nun dazu Gelegenheit gehabt, und jeden Tag wurde ich belehrt, überrascht und überwältigt von den Verhältnissen und Verfahren, denen ich auf Schritt und Tritt begegnete: belehrt hinsichtlich der Methoden und dem Umfang, in welchem diese Nationen Jahrhunderte hindurch ihre Naturprodukte ausgenutzt haben, überrascht von der Größe der Ernten, die sie aus ihren Feldern herausholten, und überwältigt von der Menge harter menschlicher Arbeit, die sie fröhlich für einen Tagelohn von 21 Pfennig mit Essen oder 63 Pfennig ohne Essen leisteten." ...

Während im Jahre 1911 die Bevölkerungsdichte in den Vereinigten Staaten nur eine Person auf acht Hektar betrug, ist die Bevölkerungsdichte in China durchschnittlich zehnmal größer. Von Schan-tungs gutkultiviertem Flachland macht King einige Angaben über die Anzahl von Menschen und Tieren, die der chinesische Ackerbauer zu unterhalten vermag. In einem Fall kommt er auf 3072 Menschen, 256 Esel, 256 Rinder und 512 Schweine pro englische Quadratmeile und in einem anderen Fall auf 3840 Menschen, 384 Esel und 384 Schweine für die gleiche Fläche. Auf der Insel Tschung-ming im Jang-tze-Delta war die Bevölkerungsdichte nach der offiziellen Statistik von 1902 3700 Menschen pro Quadratmeile. Zum Vergleich gibt King an, daß in den Vereinigten Staaten 1900 eine Bevölkerungsdichte von 61 Personen mit 30 Pferden oder Mauleseln pro Quadratmeile bestand. ...

Wenn ich mit wenigen Worten das Geheimnis des einzig dastehenden Produktionsvermögens der chinesischen Landwirtschaft auszudrücken versuche, so möchte ich auf folgende wesentlichen Züge hinweisen:

1. Bewässerung in einer für uns fast unfaßbaren Ausdehnung.
2. Ausnutzung und Verarbeitung jeden Abfalls, der als Düngemittel dienen kann.
3. Mehrfache Ernten.
4. Unbegrenzte Opferbereitschaft zu schwerster Arbeit.

Bedeutende Mengen von Nährstoffen werden dem Boden durch die künstliche Bewässerung zugeführt, da das Wasser aus den schlammführenden Flüssen stammt. Im Jang-tze-Delta pflegt man in großem Umfang Schlamm aus den mit Flußwasser gefüllten Bewässerungskanälen zu holen, der in Mengen von 70 bis 120 Tonnen pro Acker verteilt wird; dieses Verfahren wird bisweilen jedes zweite Jahr wiederholt. Die Zufuhr dieses Kanalschlammes hat zwei Vorteile. Erstens wird die Feldfläche allmählich erhöht, wodurch eine bessere Drainage erzielt wird; zweitens gibt man der neuen Saat unverbrauchte Erde von fruchtbarster Beschaffenheit. Oft ist die Kanalerde voll von Schneckenschalen, die den Äckern den in diesen Gegenden sehr erwünschten Kalk zuführen.

Der Chinese scheut sich nie vor schwerer Arbeit, falls sie ihm eine reichere Ernte verschaffen kann. Durch lange Erfahrung hat er herausgefunden, daß Erde, die lange in Maulbeerplantagen benutzt worden ist, sehr nützlich für die Reiskulturen ist, während Erde vom Reisfeld das

Wachstum des Maulbeerbaums sehr fördert. Deshalb wird ein ständiger Bodenaustausch zwischen diesen beiden Pflanzenkulturen vorgenommen.

Die Düngemittel, die in den Chinesendörfern in Form von Latrineninhalt, Viehdünger, Haushaltsabfall, alten K'angs u. a. gesammelt werden, verarbeitet man sorgfältigst zu Kompost, erhält diesen bei der rechten Feuchtigkeit, damit die Fermentierung unter günstigen Verhältnissen vor sich gehen kann, und pulverisiert ihn zuletzt mit äußerster Sorgfalt, bevor das Kompostmaterial über die Felder gestreut wird.

Wenn ich eben von den Voraussetzungen für die Fermentbildung sprach, wollte ich damit natürlich nicht sagen, daß der chinesische Bauer die biochemischen Prozesse, um die es sich hier handelt, kennt. Er hat durch jahrhundertelanges praktisches Experimentieren gefunden, daß gewisse Verfahren zu einem guten Resultat führen, und nach diesen Regeln arbeitet er mit einer untrüglichen Sicherheit, die von der modernen Wissenschaft nicht vervollkommnet, sondern nur erklärt werden kann..."[11]

„Ein gutes Beispiel hiefür bieten die Bewässerungsanlagen in der Provinz Szetchuan, die während der Tsin-Zeit (3. Jahrhundert v. Chr.) geschaffen wurden und zu den bedeutsamsten der Welt gehören. Das Kernstück der Provinz, die Ming-Ebene, die vom Ming-Fluß durchströmt wird, ist seit jener Zeit das fruchtbarste Gebiet Chinas, während sie vor der Tsin-Zeit größtenteils aus Ödland bestand. Die ganze Provinz zählte 1945 60 bis 70 Millionen Einwohner, wovon schätzungsweise 40 Millionen auf die Ming-Ebene, die ungefähr so groß wie Bayern ist, entfielen. Also eine ungewöhnlich dichte Besiedlung für ein fast rein landwirtschaftliches Gebiet. In der Ming-Ebene stehen die meist ziemlich großen Bauernhäuser so dicht beieinander, daß man zuerst nicht recht begreift, wie sich die Bauern von dem wenigen dazwischenliegenden Land ernähren sollen. Es wird jedoch zweimal, wenn nicht dreimal jährlich Reis geerntet, und im reinen Gemüseanbau kommen sogar vier bis fünf Ernten jährlich vor. Wer immer noch glaubt, daß die Chinesen „primitiv" seien, weil sie keine Wissenschaft und Technik in unserem Sinne entwickelten, der betrachte einmal die Meliorationsarbeiten in Szetchuan, mittels welcher schon vor über 2000 Jahren Millionen von Menschen Brot und Leben gegeben wurde!

Das Grundprinzip der heute noch intakten Anlagen ist, kurz gesagt, folgendes: Es wurde ein neues Bett für den Ming-Fluß gegraben, in welches dieser jeden Herbst geleitet wird, um dann wieder im Frühling in sein altes Bett zurückgeleitet zu werden. Im Winter wird das Flußbett und im Sommer der Kanal von den angrenzenden Gemeinden von dem Schutt und den Steinen, die der Fluß mit sich führt, gesäubert, so daß also das Wasser – im Gegensatz beispielsweise zum Gelben Fluß – in 2000 Jahren nie so weit angestiegen ist, daß Überschwemmungen eintraten. Beide Flußadern sind durch ein kompliziertes System von kleinen Kanälen mit den Reisfeldern verbunden."[13]

feinerten Zweig chinesischen Kunstgewerbes – kennzeichnet eine dem Westen heute im allgemeinen fremde oder fremd gewordene, für das Leben und die Kultur Chinas aber seit jeher bis heute kennzeichnende Grundeinstellung: Die Bereitschaft zu liebevoller, ARBEITSINTENSIVER gärtnerischer Pflege des ganzen Lebensraumes mit allen nötigen Konsequenzen: So sagte zum Beispiel die Leiterin einer Dorfgemeinschaft bei Peking 1973 über den Grund der bevorzugten Zucht von Schweinen: „Warum züchten wir Schweine? Weil das Schwein die beste Düngerfabrik ist."

Besonders wichtig ist die überall seit jeher selbstverständliche Bereitung von Kompost aus organischen Abfällen aller Art einschließlich des Straßenkehrichtes eines noch nicht motorisierten Landes, des Schlammes der Flüsse und der Fäkalien, die mit Booten und Fahrzeugen zu sorgfältig hergestellten Düngergruben und -behältern gefahren werden, die an den Ufern der schiffbaren Kanäle und an den Straßenrändern angelegt sind.

Dieses so alte chinesische Bemühen um Aufrechterhaltung der natürlichen Stoffkreisläufe ist den Angehörigen der westlichen Wegwerfwirtschaft zwar so ungewohnt geworden, daß es scheinbar von den wenigsten Besuchern bemerkt und in den vielen neuen Berichten über China kaum je erwähnt wird – aber angesichts der weltweiten Ernährungsprobleme, besonders aber auch der Überschwemmung der Industrieländer mit Abfällen, sollte es uns endlich grundsätzlich zu denken geben.

Auch die bei allen Reis pflanzenden Völkern so hoch entwickelte, allgemein bekannte und bewunderte Kunst, mit dem Wasser umzugehen, die ausgedehnten, früher mit hölzernen Tret- und Hebewerken, heute mit Elektropumpen betriebenen Bewässerungsanlagen, die ausgedehnten Reisfelder und Reisterrassen, die großen Systeme künstlicher Teiche für Fisch- und Krebszucht, deren schmale, trennende Wälle oft noch dicht mit Obstbäumen und Teesträuchern bepflanzt sind, – sie verkörpern das genaue Gegenteil jener von westlichen Ingenieuren betriebenen Flußregulierung und „Stadtentwässerung", deren Ziel oder jedenfalls deren Ergebnis nicht nur die Entwässerung der Städte, sondern auch des Landes ist, die infolge der Begradigung und Betonierung der natürlichen Gerinne den Wasserabfluß so beschleunigt, daß der Grundwasserstand absinkt, die feuchten Niederungen trockengelegt werden und so die weitere Umgebung, aber auch das Klima versteppt und damit die Bodenfruchtbarkeit bis zum Davonfliegen des Mutterbodens herabgesetzt wird –, bekannte und viel besprochene Tatsachen, angesichts derer die gegenteilig orientierten ostasiatischen Methoden doppelt lehrreich sind.

Ähnliches gilt ja sogar von den auch heute in China noch vielfach üblichen Transporten von Pflanzen, Feldfrüchten, Dünger usw. in Tragkörben mittels der bekannten Tragstangen aus Bambus, Transporte, die auf steilen Reisterrassen unvermeidlich sind, aber auch bei anderen Intensivkulturen den Vorteil haben, keinen Raum für Fahrstraßen zu beanspruchen. Die zur Bodenbearbeitung in den Reisfeldern neuerdings eingesetzten Maschinen sind besonders leicht konstruiert und mit der Hand zu bedienen.

Transport mit der Bambus-Tragstange. Scherenschnitt

Im Gegensatz dazu haben wir uns besonders in letzter Zeit daran gewöhnt, für Transportmittel immer höhere Kosten und immer größere Verluste an Raum und an Rohstoffen – bis zur Atemluft! – in Kauf zu nehmen, ja die Transportleistung an sich geradezu als Sinnbild des „Fortschrittes" zu betrachten, bis wir schließlich das Auto über alle wirtschaftlichen, ja über alle vernünftigen Überlegungen hinaus zu einem Idol haben werden lassen, das die Städte bereits unbewohnbar zu machen beginnt. Trotzdem wird mit größter Selbstverständlichkeit auch weiter jeder denkbare Raumanspruch an Autostraßen und Parkplätzen erfüllt, so daß der Anteil der Verkehrsflächen am Stadtraum beängstigend angestiegen ist: Ein einziges Autobahnkleeblatt braucht soviel Platz wie die ganze Altstadt von Salzburg mit über viertausend Wohnungen in 920 Häusern, 430 Gewerbebetrieben, 16 Kirchen, 13 Schulen und einer Universität.

Ähnliches gilt vom Flugverkehr: Der neue Flughafen von Paris Roissy beansprucht zum Beispiel 3000 Hektar Land, das ist etwa ein Drittel des Stadtgebietes von Paris.

Angesichts der Gefahr, daß die westliche Zivilisation solcherart „unter die Räder" ihrer eigenen Transportidole geraten könnte und zum Opfer eines gefährlichen Mobilitätskultes wird, könnte das bekannte Wort von den „Kulturen ohne das Rad" vielleicht in einem etwas anderen Licht erscheinen: Denn diese „Kulturen ohne das Rad" haben das Rad ja seit jeher sehr gut gekannt und benutzt, aber – im Gegensatz zum Westen – vielleicht mit einer gewissen Zurückhaltung und Vorsicht, ähnlich wie das Pulver.

Auch die von den Mechanismen moderner Industrie und Verwaltung geförderte Zentralisation immer größerer Bevölkerungsmassen in dauernd wachsenden Agglomerationen erweist sich als immer stärkere, gefährlichere Belastung: Nach neueren Pressemeldungen ist das Defizit der Stadt Tokio schon zweimal so groß wie das riesige Defizit New Yorks, von den immer unlösbarer werdenden Problemen ihrer Abfallbe-

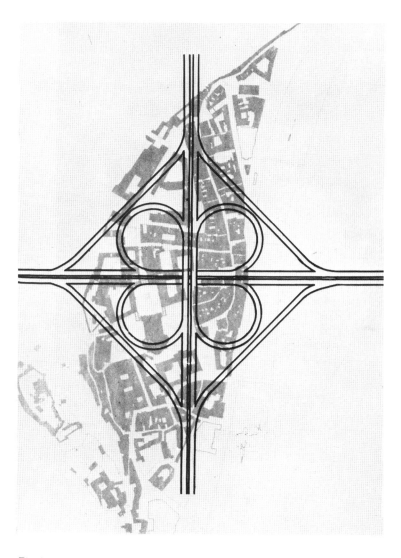

Ein Autobahn-Kleeblatt braucht so viel Platz wie die Altstadt von Salzburg mit über 4000 Wohnungen in 920 Häusern, 430 Gewerbebetrieben, 16 Kirchen, 13 Schulen und einer Universität, einem Festspielbezirk mit Theater- und Konzertsälen usw.

seitigung und Versorgung – z. B. mit Wasser – ganz zu schweigen.

Jene grundsätzliche Neuorientierung aber, die sich in den letzten Jahren im Westen vielfach anbahnt, wirkt mit ihren Bemühungen um ökologisch orientierte Landschaften, Abfallverwertung und Gewinnung von Sonnen- und Windenergie wie die Wiederaufnahme oder Weiterführung chinesischer Methoden, sei es der Kompost- und Wasserwirtschaft, der Südorientierung der Häuser, der großen horizontalen Windräder usw.

Würdenträger im Wagen. Steinabreibung

24

BILDERLÄUTERUNGEN:

Seite 6:
Orchis, aus der „Zehnbambushalle"

Seite 17:
Blick auf ein chinesisches Dorf bei Sutchou

Seite 18:
Reisterrassen

Seite 19:
Neu errichtete Reisterrassen in Nordwest-China, Provinz Shensi

Seite 20:
Reisanbau: Im Vordergrund leichte mit der Hand geführte Maschinen

Seite 21:
Lotos-Kultur am Tung-Ting-See in der Provinz Honan

Seite 22 unten:
Windschutz und Bewässerung von Gemüsepflanzungen bei Peking

Seite 22 oben:
Gemüseernte bei Peking

Seite 23 oben:
Düngergruben am Stadtrand von Sutchou

Seite 23 Mitte:
Düngergruben an einer Landstraße bei Sutchou

Seite 23 unten:
Entleerung einer Düngergrube an einem Wasserlauf bei Sutchou

Seite 24 oben:
Das regelmäßige Netz der Bewässerungsgräben wird von einem Flußlauf gespeist, der in seiner natürlichen Form belassen ist.

Seite 24 unten:
Dorf bei Sutchou

Seite 25:
Teiche zur Fisch- und Krebszucht im Deltagebiet des Hoang-Ho bei Sutchou, deren trennende Wälle mit Teesträuchern und Obstbäumen dicht bepflanzt sind: „Wir besticken unser Land."

Seite 26:
Sorgfältig gepflegte und reichlich bewässerte Gemüsekulturen eines Dorfes bei Kanton

Seite 27:
Hauptplatz eines Dorfes bei Kanton

Seite 28:
Aussetzen der Reispflanzen auf die unter Wasser stehenden Felder bei einem Dorf bei Kanton

Seite 29:
Rastendes Bauernpaar. Chinesischer Scherenschnitt.

II. SPARSAMKEIT UND SCHÖNHEIT

Fragt man sich, warum in letzter Zeit in unseren Ausstellungen und Läden nicht nur die seit jeher bewunderten kostbaren Erzeugnisse chinesischen Kunstgewerbes, sondern auch die Schönheit einfacher handgearbeiteter Möbel und Gebrauchsgegenstände aus Rohr und Bambus so anziehend wirken, dann dürfte das nicht nur an dem Kontrast dieser menschlich so verständlichen, in ihrem Gefüge und in ihrer Herstellung leicht ablesbaren Dinge zu dem notgedrungen unpersönlichen Charakter industrieller Massenprodukte liegen, sondern vielleicht auch darin, daß hier das alte, bleibende Gesetz intelligenter Produktion und Gestaltung verkörpert erscheint, mit einfachen und bescheidenen Mitteln, vor allem mit geringstem Materialaufwand, den größtmöglichen Effekt zu erreichen.

Dazu gehört besonders bei handwerklicher Arbeit, daß bei der Bearbeitung des Rohstoffes seine Eigenart und die der Verarbeitungsmethode einfühlsam berücksichtigt wird, was gleichzeitig bedeutet, daß sie sichtbar und verständlich bleiben.

„Gerade auf dem handwerklichen Gebiet zeigt sich sehr schön die Vorliebe der Chinesen – und der Ostasiaten überhaupt – für das Konkrete, das ohne weiteres Verständliche, aber auch ihre Ablehnung des Abstrakten und Theoretischen. Seide, Papier, Porzellan und Lack sind naturnahe; man hat bei diesen Materialien nicht den Eindruck, daß die Natur umgewandelt oder gar vergewaltigt, sondern nur, daß sie in bestimmte Bahnen gelenkt wird.

Die Ostasiaten lieben nicht unser glattes, feines, glänzendes, weißes Papier – es erscheint ihnen fremd und ‚abstrakt', weil man nicht sieht, wie es gemacht ist, aus welchen Stoffen es zusammengesetzt ist. Bei unseren Papiersorten hat der Ostasiate kein ‚Materialgefühl'. Er zieht ein gröberes Papier vor, in dem die Fasern der ursprünglichen Holzmasse noch ganz deutlich erkennbar sind. Bei der Keramik liebt er es, wenn nicht das ganze Stück mit Glasur überzogen ist; unten soll ein Stückchen frei bleiben, so daß man sich vorstellen kann, wie die Glasur über die tönerne Form gegossen wurde. Auch die Seide ist dem Ostasiaten naturnahe; ganz feine Seiden in der Art, wie sie bei uns gebraucht werden, hat er in den früheren Zeiten nie gewoben. Wiederum nicht, weil er das etwa nicht konnte, sondern weil er es nicht wollte. Genau wie beim Papier muß bei der Seide zu sehen sein, aus was sie besteht und wie sie angefertigt wurde."[14]

Alle chinesischen Baukonstruktionen bilden eine eindrucksvolle Verkörperung dieser Grundsätze: Für die Holzkonstruktionen der Dächer und der sie tragenden Wandfachwerke und Stützen findet man soweit als möglich Rundhölzer verwendet, und zwar nicht nur bei Wohnhäusern; auch die Säulen der Klöster, Tempel und Paläste sind meist rund, fast durchwegs rot gefärbt, nur die rings um den Kaiserthron in Peking stehenden Säulen sind vergoldet.

Durch Verwendung runder Querschnitte wird das Holz nicht nur ohne Verschnitt, das heißt also unvergleichlich rationeller verarbeitet als durch das Herausschneiden von Kanthölzern, sondern auch die Tragfähigkeit ist infolge des weitgehend intakt gebliebenen Gesamtgefüges des gewachsenen Stammes mit seiner Ringstruktur beim Rundholz größer. Nicht zuletzt kommt das Material am Gebäude in seiner ursprünglich gewachsenen Form – als Baumstamm – zum Ausdruck, was zur Verständlichkeit der ganzen Konstruktion beiträgt.

Freilich erfordert die Herstellung der Holzverbindungen dabei mehr Mühe und Geschicklichkeit, wie ja überhaupt die sparsame Nutzung des Materials durch hohes Niveau der Konzeption und der handwerklichen Bearbeitung erreicht wird, – auch das ähnlich unserer vor- und frühindustriellen Zeit, und im Gegensatz zur gegenwärtigen Wegwerfwirtschaft, beziehungsweise dem ihr zugrunde liegenden amerikanischen Produktionsprinzip des großzügigen Verbrauches von Material zugunsten größtmöglicher Ersparnis an Arbeit.

Insgesamt werden die Konstruktionen als Ganzes mit erstaunlicher Konsequenz und Schönheit in allen Teilen der Gebäude sichtbar gemacht, von den meist als Steintrommeln ausgebildeten, feuchtigkeitsisolierenden Säulenfüßen, bis zu den Dachlatten, auf denen die aus Tonplatten oder anderem Material bestehende Unterschicht der Dachdeckung von unten sichtbar aufliegt, über der dann die bekannten Mönch- und Nonnendächer mit ihren meist sehr charakteristischen, an den Giebeln aufgebogenen, gegen Sturm beschwerten Firsten liegen. In allen Fällen sind die Dachstühle von unten offen, so daß der Raum in ebenso rationeller wie einleuchtender Weise bis unter den Dachfirst reicht, also keine toten, unsichtbaren und schlecht nutzbaren „Dachböden" entstehen und die äußere Form des Gebäudes mit seinem Innenraum identisch bleibt. So wird nicht nur eine optimale Raumausnutzung, sondern auch die für die Verständlichkeit eines Gebäudes wichtige Übereinstimmung der äußeren Erscheinung mit der inneren in idealer Weise erreicht.

Bezeichnenderweise sind die charakteristischen Details auch

kleinster und bescheidenster Häuser weit über den „Zweck" hinaus ausdrucksvoll gestaltet. Die prinzipiell sparsame Konstruktion hat nichts mit Ideenarmut oder Mangel an Gestaltungskraft zu tun – sie drückt vielmehr allgemeingültige Vorstellungen aus, was auch in allen Einzelheiten der Dächer, Tore, Tier- und Farbsymbole zum Ausdruck kommt. Auch die Geräte des täglichen Bedarfs sind nach denselben Grundsätzen gestaltet:

Die in China überall verwendeten schönen, weitmaschigen Körbe aus Bambus oder jenes typische Brikett, das mit seinen zylindrischen Löchern optimale Verbrennung gewährleistet –, sie gehören neben vielen anderen zu den alltäglichen Beispielen des Grundsatzes, größten Effekt mit geringstem Aufwand zu erreichen, dem ja schließlich auch eine Küche folgt, die überwiegend vegetarische Rohstoffe verschiedenster Art auf überaus erfinderische Weise so zu verarbeiten versteht, daß bei einem Minimum an Abfall ein reiches Angebot raffinierter Speisen entsteht, deren Kultiviertheit ja auch die so zarten und leichten Eßstäbchen aus Holz, Elfenbein oder dergleichen entsprechen. Mit einem Übergewicht an Gemüse, Sojabohnen, Fischen und Meerestieren und einem geringen Anteil an Fleisch, Fett und Süßspeisen entspricht diese ausgeglichene, kalorienarme, aber vitamin- und proteinreiche Nahrung seit jeher den Forderungen, die heute an eine moderne und der Zukunft entsprechende Ernährung gestellt werden – einerseits im Hinblick auf die Gesundheit, andererseits im Hinblick auf die Möglichkeit, eine rapide anwachsende Weltbevölkerung auf begrenztem Raum zu ernähren.

Chinesisches Sprichwort:
„Ein Viertel Orange schmeckt so gut wie eine ganze Orange."[15]

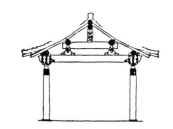
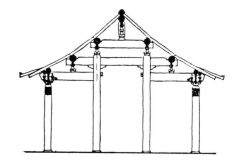
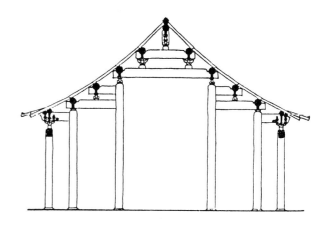
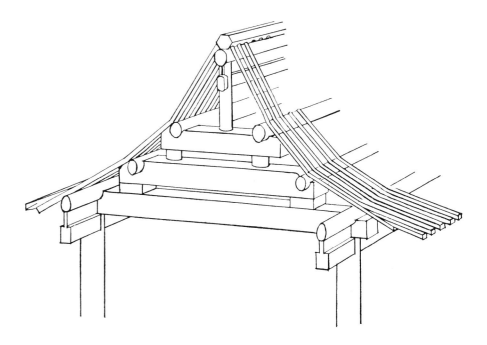

Typische chinesische Dachstühle aus Rundhölzern

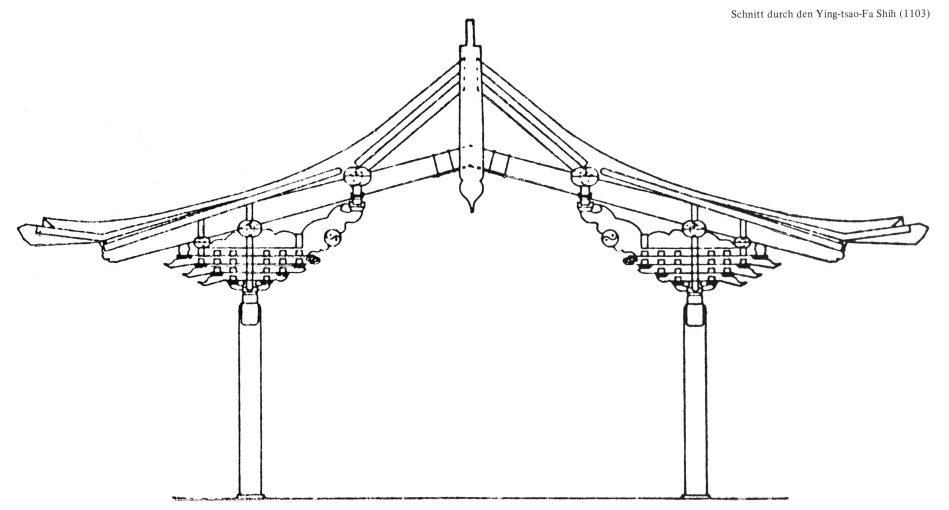

Schnitt durch den Ying-tsao-Fa Shih (1103)

34

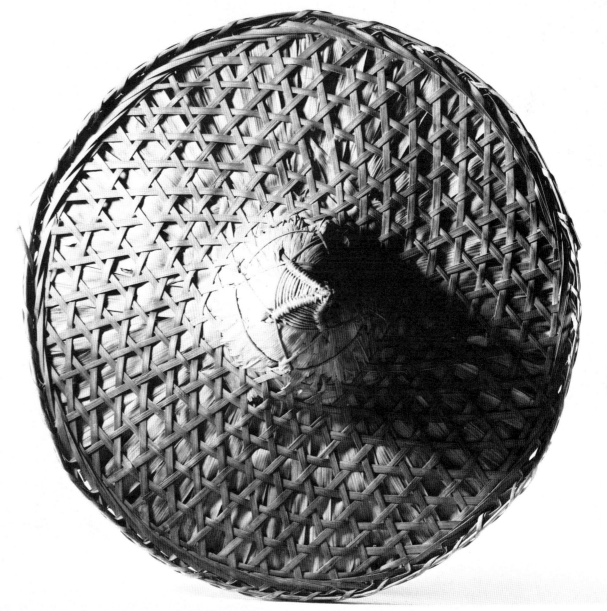

35

36

38

39

40

42

III. KONTINUITÄT

Angesichts einer für uns selbstverständlich gewordenen, fast um ihrer selbst willen betriebenen Mobilität, über deren deprimierende soziologische und psychische Folgen in den USA neuerdings zum Beispiel Packard[16] berichtet hat, erscheint es nötig, daran zu erinnern, welch entscheidende Rolle die Bindung an Ort und Zeit, die Kontinuität aller Bemühungen beim Weitergeben spezieller örtlicher Erfahrungen hinsichtlich Boden, Klima und Vegetation und nicht zuletzt hinsichtlich ökologischer Zusammenhänge für eine Bauernkultur spielt, deren Erfolg ja von der generationenlangen Pflege des Bodens und der ganzen Landschaft im Sinne solcher Erfahrungen und Überlieferungen abhängt. Das ist auch europäischen Bauern und Gärtnern durchaus geläufig. Ein bezeichnendes Sinnbild solcher Bindung sind die Gräber der Bauern inmitten ihrer Felder, Gruppen halbkugelförmiger oder kubischer, durch Bäume weithin sichtbar gemachter Erd- oder Steinkörper, die über weite Strecken als bezeichnende Elemente der Landschaft wirken, freilich heute auch ein erhebliches Hindernis für die Rationalisierung der Landwirtschaft bilden dürften.

So wird auch der Sinn des Ahnenkultes verständlich, der die Namen von vier Generationen im Ahnentempel bewahrt hat, und damit auch die immer wieder bewunderte Kontinuität chinesischer Entwicklung, die es sich zum Beispiel nie geleistet hat, 50 bis 70Jährige außer Dienst zu stellen, um damit insgesamt auf eine Fülle von Wissen, Erfahrung und menschlicher Reife zu verzichten. „Warum, so müssen wir uns fragen, sahen die Chinesen das menschliche Leben weniger in seiner Erscheinung als Einzelleben als vielmehr als eine unendliche Geschlechterfolge, als eine lange, aus Ahnen, Lebenden und Nachkommen bestehende Kette? Dies ist letzten Endes ebenfalls darauf zurückzuführen, daß der ganzheitlich denkende Mensch, wie schon betont, seine Aufmerksamkeit stets zuerst dem Ganzen und dann erst den Teilen oder Einzelgliedern schenkt. Das ‚Ganze' ist der ewige Kosmos und das ewige menschliche Leben, deren Wesen aus ständigen Wandlungen besteht. Also muß die ganze Geschlechterfolge von Bedeutung sein und nicht der einzelne Mensch; dieser ist vielmehr nur soweit wichtig, als er ein Glied der ganzen Kette ausmacht."[17]

„Es ist mit den Generationen der Menschen so wie mit den Wellen des Meeres; jede Welle besteht für sich selbst, die erste ist nicht die zweite, die zweite nicht die dritte, aber alle sind aus demselben Wasser entstanden. Ähnlich verhält es sich mit dem Menschen. Ich bin in meiner gegenwärtigen Erscheinungsform aus der universellen Vernunft, der Materie des Himmels und der Erde hervorgegangen. Auch mein Vorfahr war aus denselben Elementen entstanden. Er ist nicht mehr, aber die Elemente sind geblieben. Ich bin mit ihm durch die Gemeinsamkeit der Konstitution, der Vernunft und der Materie verbunden. Ebenso sind der Himmel, die Erde und alle Wesen eins mit mir."[18]

Die Einordnung der Persönlichkeit in größere Zusammenhänge schränkt ihre Bedeutung insoferne nicht ein, als nur die erfahrene, gereifte Persönlichkeit allgemeines Kulturgut weiterzugeben vermag. „Für den Ostasiaten ist der lebendige Mensch der wichtigste Lehrmeister, nicht das Lehrbuch oder das Buch überhaupt. . . . Auch ist es nach ostasiatischer Auffassung unmöglich, sich allein in eine Stube zurückzuziehen, die Klassiker zu ‚studieren' und zu hoffen, auf diese Weise etwas von ihrem Geist zu begreifen. Dazu ist die Vermittlung eines lebendigen Meisters notwendig. Der Lehrmeister, der als letztes Glied einer Kette von seit alters wirkenden Meistern aufgefaßt werden kann, stellt den lebendigen Kontakt zwischen dem Schüler und den großen Geistern der Vergangenheit her. Daher ist das Meister-Schüler-Verhältnis in Ostasien immer bewußt gepflegt worden. Die Meister werden im Japanischen ‚Sensei' genannt, was wörtlich ‚früher Geborener', also ‚Älterer' bedeutet."[19]

In diesem Zusammenhang erscheint die Tatsache bemerkenswert, daß auch in europäischen Kunstschulen, die auf eine längere Tradition zurückblicken können, heute noch Maler, Bildhauer, Architekten, Bühnenbildner usw. wie seit jeher mit besonderem Erfolg in „Meisterschulen" oder „Meisterklassen" ausgebildet werden — eine Methode, die zwar um 1970 vorübergehend und völlig irrtümlich als „autoritär" angegriffen worden ist, um die man sich inzwischen aber auch an Technischen Hochschulen, zum Beispiel für die Architektenausbildung, bemüht, weil angesichts gewisser Mängel der üblichen analytisch-enzyklopädischen Wissensvermittlung weiteren Kreisen immer klarer wird, daß kreative, schöpferische, erfinderische Tätigkeit auf Grund koordinierenden Denkens — und Fühlens! — nur aus einer persönlichen Gesamtschau entstehen kann, deren subtile Praxis kaum anders als durch eine diesbezüglich erfahrene Persönlichkeit vermittelt werden kann.

„Wer nicht tot ist, auf den wird nicht verzichtet" — das gilt in China nicht nur für den Menschen, sondern für die ganze

Umwelt, als deren integrierender Bestandteil er dort seit jeher betrachtet worden ist.

Die dominierende Bedeutung der Vegetation für das, was wir Umwelt nennen, kommt dabei im Verhältnis der Chinesen zu den Bäumen besonders deutlich zum Ausdruck.

Wer im Grenzbahnhof Shen-Shen die Eisenbahnzüge unter den breiten Kronen riesiger Bäume wie Spielzeug stehen sieht, wer nicht nur die Dorfplätze von uralten Bäumen überdeckt, sondern die Straßen der Städte aller Größen mit auffallend sorgfältig gepflegten Bäumen und Sträuchern bepflanzt findet, wer die zahlreichen langen Holzstangen bemerkt, mit denen zum Beispiel im kaiserlichen Garten von Peking die Äste uralter Koniferen immer wieder gestützt werden, oder den gepflegten Wald mehrhundertjähriger Zypressen rings um Himmelstempel und Himmelspalast in Peking erlebt, der versteht die Übereinstimmung der Gesinnung. Sie kommt zum Beispiel in den Worten eines in Europa studierenden jungen Chinesen – „Man müsse Bäume wie Menschen behandeln" – ebenso zum Ausdruck wie in Steinabreibungen, die Bäume von glücksbringender Symbolbedeutung, wie zum Beispiel den Kiuao-Baum, darstellen, wie ja überhaupt in der vielfältigen Symbolbedeutung der Bäume: so gilt der Bambus als ein Symbol des langen Lebens und der Freundschaft, als ein Weiser unter den Pflanzen und ein Sinnbild für den tugendhaften Menschen, der sich dem Sturme beugt, sich aber nachher wieder aufrichtet. Oder: „In einem Kreis zu sitzen, mit Pfirsichbäumen, Blumen und Weiden, ohne eine einzige Kiefer", ist, „wie inmitten von Kindern und Frauen zu sitzen, ohne einen würdigen Mann neben sich zu haben."

Der Baum ist als Lebenssymbol vielen Kulturen geläufig. Von den chinesischen Mythen berichtet Granet: „Im genauen Mittelpunkt des Kosmos, dort, wo die vollkommene Hauptstadt liegen sollte, ragt ein wunderbarer Baum empor und verbindet die neun Quellen mit den neun Himmeln, also die Tiefen der Erde mit ihrem First. Man nennt ihn den aufgerichteten Baum und behauptet, daß in seiner Nähe nichts, das vollkommen aufrecht steht, einen Schatten werfen kann."[20]

Buddha saß 528 v. Chr. im Augenblick der Erleuchtung am Fuße des Himalaya unter einem riesigen Feigenbaum, der seither den Buddhisten als „Baum der Erleuchtung" heilig ist. In keinem anderen Land dürfte man schon vor 1500 Jahren große Bäume verpflanzt haben, wie Marco Polo berichtet: „Im Norden des Palastes, ungefähr einen Bogenschuß von der nächsten Mauer entfernt, erhebt sich ein künstlicher Erdhügel, dessen Höhe volle hundert Schritte und dessen Umfang

ungefähr eine Meile beträgt. Dieser ist mit den schönsten immergrünen Bäumen besetzt; denn sobald der Großkhan erfährt, daß an irgendeinem Platze ein schöner Baum wächst, läßt er ihn mit allen Wurzeln ausgraben und, wenn er auch noch so groß und schwer ist, durch Elefanten zu diesem Hügel schaffen; weil der Hügel immer grünt, hat er den Namen des grünen Berges erhalten. Auf seinem Gipfel steht ein eleganter Pavillon, der gleichfalls völlig grün ist. All dieses zusammen, der Berg, die Bäume und das Gebäude, ist köstlich und wunderbar anzuschauen."[21]

„Fast auf jedem Bauernhof versucht man, einen großen, schattenspendenden Baum heranzuziehen, der an heißen Sommertagen Kühlung bringt", berichtet Jack Chen.[22]
Besonders charakteristisch für die liebevolle Pflege und Erhaltung von Bäumen ist die seit tausend Jahren bekannte ostasiatische Kultur von Zwergbäumen in Töpfen und Kübeln. Auch in China bilden ja Zwergbäume unentbehrliche Bestandteile der in flachen Schalen gebauten Miniaturlandschaften, die, wie in Japan, auch in bescheidenen Häusern zu finden sind. So sind zum Beispiel in Sutchou im „Garten des Verweilens" und im „Garten der Politik des Einfältigen" große Sammlungen sehr schöner und großer, überaus sorgfältig gepflegter und beschnittener Exemplare solcher Bäume – Stechpalmen, Zwergwacholder, „Buddhafichten", Granatapfelbäume usw. – zu sehen, von denen die Gärtner berichten, daß sie mehrere Jahrhunderte alt seien, unter ihnen Granatapfelbäume, die jährlich Früchte tragen. Welches andere Beispiel könnte eindringlicher „Kontinuität" bezeugen als die Bereitschaft immer neuer Generationen, sorgfältig zu erhalten und weiter zu pflegen, was früheren Generationen wertvoll war – eine Gesinnung, die freilich das Weiterwirken bzw. die weiterwirkende Überzeugungskraft allgemeingültiger Auffassungen voraussetzt und andererseits ihre Existenz bezeugt, wenn sie vielleicht auch schon ins Unbewußte gesunken sind.

„Die Männer aus dem Volke sind die Wurzeln eines Landes. Wenn die Wurzeln tief sind, wird das Land den Frieden kennen." Che King, 5. Jahrhundert v. Chr.[23]

BILDERLÄUTERUNGEN:

Seite 33:
Haus am Tigerhügel bei Sutchou. Einfache Holzstützen tragen den von unten frei sichtbaren Dachstuhl.
Seite 34 links:
Typische Bambuskörbe mit den charakteristischen durchbrochenen Briketts.
Seite 34 rechts:
Bambustragkorb; aus dem Wiener Museum für Völkerkunde.
Seite 35:
Strohhut; aus dem Wiener Museum für Völkerkunde.
Seite 36:
Bambuskorb; aus dem Wiener Museum für Völkerkunde.
Seite 37:
Rohrsessel; aus dem Wiener Museum für Völkerkunde.
Seite 38 links:
Gitarre; aus dem Wiener Museum für Völkerkunde.
Seite 38 rechts:
Aus einem Innenraum des Hauses des „Meisters der Netze", Sutchou.
Seite 39:
Holzsessel; aus dem Wiener Museum für Völkerkunde.
Seite 40:
Deutlich sichtbar gemachte Konstruktionsdetails in der Vorhalle der „Blumenpagode" in Kanton.
Seite 41:
Typische Dachkonstruktion aus bemalten Rundhölzern, die in dem bis unter die Dachhaut reichenden Raum sichtbar bleiben, in einem Kloster in Kanton.
Seite 42:
Sichtbare, überwiegend aus Rundholz bestehende Konstruktion in einem Kloster bei Sutchou.
Seite 43:
Auch im Thronsaal des Kaiserpalastes in Peking ist die von Rundsäulen getragene Konstruktion sichtbar.
Seite 44:
Die frei im Raum sichtbare bemalte Konstruktion ist das wichtigste bauliche Ausdrucksmittel in „Tempel der 500 Buddhas" in Sutchou.
Seite 46:
Alter Kirschbaum. Steinabreibung.
Seite 47:
Blühender Zweig. Steinabreibung.
Seite 49 unten:
Gräber der Bauern auf ihren Feldern.
Seite 49 oben:
Typischer Papierblumen-Kranz.
Seite 50:
Alter Baum in einem Dorf bei Kanton.
Seite 51:
Alter Baum im Kaiserlichen Garten in der Verbotenen Stadt in Peking.
Seite 52:
Alte Föhre mit vielfach gestützten Ästen im Kaiserlichen Garten in Peking.
Seite 53–56:
Mehrhundertjährige Zwergbäume in den Sammlungen im „Garten des Verweilens" und im „Garten der Politik des Einfältigen" in Sutchou.

50

IV. ORDNUNG

a) Wohnhäuser und Wohnhöfe

Sorgfältig bepflanzte weite Landschaften, von vielen Menschen bevölkert, die sie pflegen, dazwischen kultivierte Bauerndörfer und Gutshöfe, die – im Gegensatz zu anderen Kulturen – im Vergleich zu den Städten nicht wie primitive Zeugen früherer Entwicklungsphasen wirken, sondern sie im Gegenteil an Reife und Reichtum übertreffen, zeugen von einer Stadt und Land gleichermaßen durchdringenden, einheitlichen Baukultur, von einer weitgehenden Übereinstimmung des Kulturniveaus zwischen Stadt und Land. In der weiteren Umgebung von Sutchou herrscht zum Beispiel bei den Bauernhäusern dasselbe sehr charakteristische strenge Schwarz-Weiß der Farbgebung wie in der Stadt selbst vor: Weiße Mauern, schwarze Sockel und Dächer, daneben da und dort ein ganz schwarz gefärbeltes Haus oder eine schwarze Wand – am Lande wie in der Stadt. Ein alter Gutshof bei Sutchou wirkt als weithin sichtbarer Blickpunkt aus schwarzen und weißen Mauerflächen, seine Einrichtung und sein Garten sind denen städtischer Häuser mindestens ebenbürtig, sie wirken alles andere als „provinziell".

Die Bauernhäuser in der Umgebung Pekings stehen durchwegs an der Nordseite eines von vier dicken Mauern umgebenen Grundstückes, zu dessen Garten bzw. Hof sie sich nach Süden mit einer transparenten Fensterwand aus zartem Holzgitterwerk mit Papierbespannung öffnen – ein Konzept von frappanter Ähnlichkeit mit modernen westlichen Vorstellungen, wie sie zum Beispiel ein Entwurf Johnsons für ein an der Nordseite eines rings ummauerten Grundstückes stehendes Haus verkörpert, das sich mit einer großen Glaswand zu diesem Hof öffnet, oder den schönen Hofhauskonzepten Mies van der Rohe's, die den chinesischen Haustypen im Grunde sehr verwandt erscheinen, wenn sie sich auch hinsichtlich der Materialien und Herstellungsmethoden begreiflicherweise unterscheiden.

Andererseits waren schon im österreichischen Jugendstil, zum Beispiel in den Arbeiten von Josef Olbrich, Adolf Loos und Josef Hoffmann, Ähnlichkeiten mit gewissen charakteristischen chinesischen Details, wie zum Beispiel den quadratischen Gitterteilungen an den über Augenhöhe liegenden Teilen der Fenster, aber auch mit Möbeln und Gefäßen, zu finden, – von den sehr bekannten, vielfältigen Chinoiserien des Rokoko ganz zu schweigen.

Die kleinen Bauernhäuser in der Umgebung Pekings stimmen hinsichtlich der Haustypen, der Orientierung zu den Himmelsrichtungen, der Wand- und Dachkonstruktion, zum Beispiel des offenen, von unten sichtbaren Dachstuhles, ja auch hinsichtlich der Details der Fensterteilungen, der Dachdeckung usw. nicht nur mit den Pekinger Stadthäusern überein, sondern sogar mit den kaiserlichen Wohnhäusern in der „Verbotenen Stadt", die nichts anderes sind als ebenerdige Häuser ähnlicher Größe, ähnlichen Grundrisses, derselben Orientierung und derselben Konstruktion, die nur anstelle der gewöhnlichen dunkelgrauen bis schwarzen Ziegel mit gelb glasierten gedeckt sind, bemalte Holzkonstruktionen und eine luxuriöse Inneneinrichtung besitzen.

Diese weitgehende Übereinstimmung zwischen kleinen Bauernhäusern und den Wohngebäuden der „Verbotenen Stadt" des „Himmelssohnes" wirkt für unsere Vorstellung ebenso überraschend wie die Tatsache, daß die sieben Millionen Einwohner von Peking fast ausnahmslos in ebenerdigen Häusern mit geräumigen, bepflanzten Höfen wohnen, und daß Leben und Arbeiten dabei mit einem Minimum an Verkehrsmitteln – Fahrrädern und Autobussen – funktioniert, was wohl hauptsächlich durch eine weitgehende Dezentralisation der Arbeitsstätten möglich ist.

Die innere Gesetzmäßigkeit der städtebaulichen Ordnung und die Monokultur des Hofhauses ergibt kein gleichförmiges Stadtbild – wie das bei uns neuerdings befürchtet wird –; untergeordnete, aber optisch sehr wirksame Ungleichmäßigkeiten in der Stellung und Detailausbildung des einzelnen Hauses ergeben Abwechslung und Lebendigkeit der Erscheinung. Dabei hat sich sowohl die Zahl der Gebäude, die einen Hof umgeben, als auch die Zahl der hintereinanderliegenden Höfe offenbar sowohl aus der Größe der meist mehrere Generationen umfassenden Familie als aus ihrer gesellschaftlichen Stellung ergeben. So wenig grundsätzliche Unterschiede zwischen den Haustypen einer Stadt bzw. einer Landschaft festzustellen sind, so deutlich sind sie zwischen den einzelnen Regionen, wobei Höhe und Dichte vom Norden nach dem Süden Chinas zuzunehmen scheint: schon in Sutchou sind vielfach einstöckige Häuser zu finden, Kanton ist durchwegs mehrgeschossig und dicht bebaut.

Die Bedeutung Sutchous als geistiges und kulturelles Zentrum spiegelt sich in vielen, großen, von mehreren Höfen und Gärten durchsetzten Häusern. In solchen Fällen verkörpern

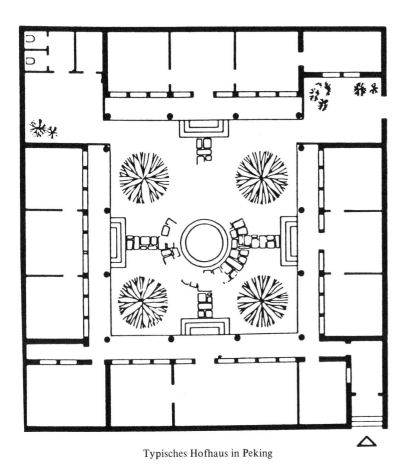

Typisches Hofhaus in Peking

„Der Privatbereich ist hier nur teilweise von der Umwelt abgetrennt; der Hof wird durch die Mauer oder die ihn umgebenden Gebäude von der Straße in der Horizontalen getrennt, mit anderen Häusern und Höfen teilt er jedoch den Himmel und die Einflüsse des Wetters. Da die Mauer nur die Sicht versperrt und so eine visuelle Privatsphäre erzeugt, bietet die Verbindung mit der Außenwelt durch Gehör und Geruchsinn besonders interessante Vorstellungen. In der chinesischen Literatur finden sich zahlreiche Beispiele, die das Leben in der Stadt durch die unsichtbaren Stimmen der Hausierer auf der Straße und den Duft der blühenden Bäume hinter den Hofmauern beschreiben. Dieses Paradoxon einer starren Grenze gegen einen offenen Himmel erinnert an eine ähnliche Situation in der Landwirtschaft dieses alten Agrarlandes: die Grenzen der Felder achtete jedermann, der „Himmlische Wille" jedoch war ein von allen geteiltes Schicksal. Die Trennung der Einzelhäuser war ebenso eindeutig, wie das Abstandsgefühl in der Gesellschaft dauerhaft wurde. Li Po (701–762), ein Dichter aus der T'ang-Zeit, beschreibt eine Frühlingsnacht in einer solchen Stadt:
„Von wessen Haus kommt diese Musik einer Jade-Flöte?
Vom Frühlingshauch getragen, erfüllt sie die Stadt Lo-yang!"
Theoretisch hing die Zahl der Höfe, die ein Chinese haben konnte, und die damit verbundene Größe der Intimsphäre von seiner sozialen Stellung ab. Die Lage des Hauses in einem fang (Häuserviertel mit eigenem Straßennetz) wurde wiederum vom Rang des Eigentümers bestimmt, wie man aus den Quellen der Han-Zeit weiß. Jedoch bezeichnete hier nicht die Abgeschlossenheit, sondern die gute Lage innerhalb des fang die Stellung. Häuser mit einem oder nur wenigen Höfen öffnen sich auf eine Seitenstraße oder Gasse."[24]

die hintereinander liegenden Höfe auch verschiedene Grade der Abgeschlossenheit der Privatsphäre, in die man nicht ohne entsprechende Zeremonien nacheinander eindringen konnte. Die luxuriösen Häuser für Künstler und Gelehrte am „Tigerhügel" bei Sutchou sind durch vorgelagerte Terrassen und der Höhe nach gestaffelte, zu den Wohnräumen offene Höfe ergänzt, die wie moderne Lösungen westlicher Wohnkultur anmuten.

Gemeinsam ist all diesen Hofhäusern ein wichtiges Merkmal, das die Einheit von Haus und Hof und die Abgeschlossenheit beider nach außen deutlich zum Ausdruck bringt: gegen die Umgebung sind Häuser und Grundstücke mit dicken, hohen, meist fensterlosen Mauern abgeschlossen, während dagegen Haus und Hof nur durch leichte Holzfachwerkwände voneinander getrennt sind, die zu einem großen Teil in zarte Gitterwerke aufgelöst sind, deren Öffnungen mit Papier bzw. neuerdings mit Glas verschlossen sind.

Diese enge Beziehung der gebauten Räume zum Hof als dem eigentlichen Zentrum charakterisiert aber nicht nur die Wohnhäuser, sondern ebenso die Paläste, die Klöster und Tempel. So öffnet sich zum Beispiel auch die Vorderwand der Blumenpagode in Kanton mit einer rot gestrichenen, leichten Holzwand zum ummauerten Vorhof, und ähnliches gilt ja auch für die Gebäude der „Verbotenen Stadt" in Peking.

Die zentrale Bedeutung der Höfe zeigt ihre ständige Benutzung und alles was ihr dient, die unter den vorspringenden Dächern aufgestellten Möbel aller Art, ebenso wie die Bäume, Schlinggewächse, Blumengefäße und Behälter mit Zierfischen, die auch in bescheidenen Häusern zu finden sind.

Die in den großen Kulturen des Orients und des Mittelmeerkreises seit jeher selbstverständliche Orientierung aller Räume eines Hauses nach innen, zu einem von außen abgeschlossenen räumlichen Mittelpunkt unter freiem Himmel, ergibt von selbst auch überaus klar begrenzte Straßenräume, in deren geschlossenen Wänden nur die Tore als besonders betonte, kontrastreiche Punkte die Anknüpfung an die hinter ihnen verborgene und geborgene Privatsphäre ankündigen.

Sie erfüllen damit nur die von modernen Soziologen wie Bahrdt erhobenen Forderungen nach geschützter Privatsphäre für den heutigen Großstädter: „Der moderne Wohnungsbau muß lernen, die Aufgabe ‚Privaten Raum' zu schaffen, wörtlich zu nehmen. Soll ein Raum das private Dasein eines Menschen aufnehmen, so braucht er nicht nur eine bestimmte Größe, sondern eine bestimmte Form. ... Zur privaten Wohnung gehört eigentlich der Privatraum unter freiem

Himmel. In idealer Form ist dieser nur als ein unmittelbar von der Wohnung zugänglicher Garten oder Wohnhof zu schaffen. Dem Anspruch der Privatheit genügen Gärten und Wohnhöfe nur, wenn sie von der Straße und von den Nachbarn nicht eingesehen werden können. Siedlungshäuser und Eigenheime, die wegen der Bauwich-Vorschriften genau in die Mitte sehr kleiner Grundstücke gesetzt sind, werden dem Wunsch nach privater Abschirmung weniger gerecht als Etagenwohnungen. Nur die Randbebauung mit sich nach innen kehrenden Gebäuden kann auf engem Raum Flachbauten möglich machen, die privat sind."[25]

Seit der noch vor wenigen Jahren wiederholt kolportierte Trugschluß, eine geschützte Privatsphäre im Einfamilienhaus verhindere Kontakt und Kommunikation zwischen den Bürgern, durch Biologen, Verhaltensforscher und Wohnpsychologen wie Guttmann, Wien[26], widerlegt ist, die festgestellt haben, daß Mangel an Distanz oder Einengung des persönlichen Bereiches zu Aggressionen und sozialem Fehlverhalten führt, seit wir wissen, daß Nachbarschaft und persönliche Kontakte besser bei mäßiger als bei zu großer Dichte, besser über den Gartenzaun als im Aufzug gedeihen, könnten wir uns vielleicht vorstellen, daß die bekannte, immer wieder beobachtete Geselligkeit der Chinesen unter anderem auch damit zusammenhängen kann, daß sie sich seit jeher des Schutzes eines unantastbaren, geräumigen, privaten Lebensraumes erfreuen.

Das kontrastreiche Nebeneinander von privater und öffentlicher Sphäre kommt auch in den alten chinesischen Bildrollen zum Ausdruck, die die unmittelbare Nachbarschaft belebter Kaufstraßen und stiller Gärten mit Pavillons, Aussichtsterrassen und Tiergärten zeigen –, gleichsam eine vielfältige, von Häusern, Läden, Mauern und Terrassen durchsetzte Stadt-Landschaft mit Bäumen, Felsen und Wasser. Hier – und bei jeder heutigen Besichtigung Pekings – erweisen sich die städtebaulichen Vorzüge des Hofhauses, und man versteht, warum es sich in den Hochkulturen des Ostens für die verschiedensten Ansprüche jahrtausendelang geeignet erwiesen hat.

Die Wohnhöfe der „Verbotenen Stadt" unterscheiden sich weder im Haustypus noch in der Größe oder Konstruktion der Häuser von den gewöhnlichen Pekinger Atriumhäusern, sondern nur in der Ausstattung: in der Farbe der Dachziegel, der oft reichen Bemalung der Holzkonstruktion, dem kostbaren Material und der überaus verfeinerten Arbeit der inneren Einrichtung, in der Möblierung der Höfe mit Räuchergefäßen, Plastiken und bizarren Steinen und der sehr

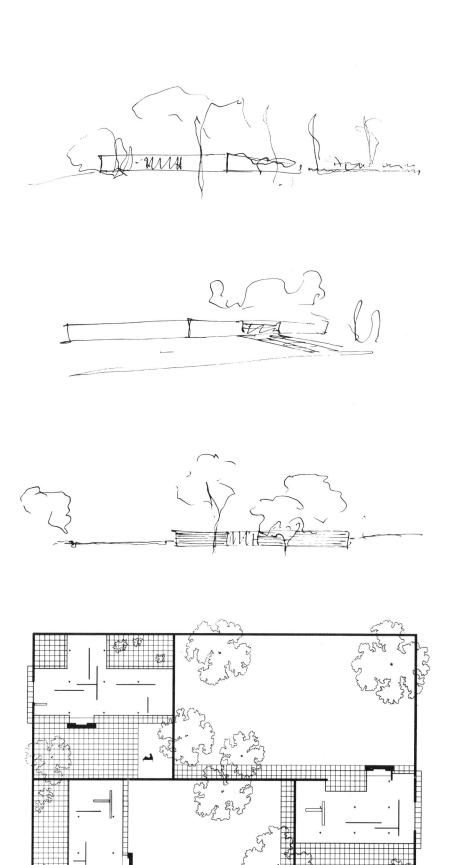

Hofhausgrundrisse und Hofhausskizzen von Mies van der Rohe

gepflegten Bepflanzung mit besonders schönen, unter Umständen seltenen Bäumen und Sträuchern.
STEIGERUNG DER ANSPRÜCHE WIRD IN CHINA ALSO NICHT DURCH MONUMENTALISIERUNG ERFÜLLT, SONDERN DURCH VERFEINERUNG, und zwar bei Aufrechterhaltung der allgemein gültigen Ordnungsvorstellungen, Typen und Maßstäbe, – Hütte und Palast bleiben gleichermaßen Bestandteil einer und derselben, allgemein gültigen, sichtbaren Ordnung.

Chinesische Stadt. Chinesische Zeichnung

BILDERLÄUTERUNGEN:

Seite 61:
Bemaltes Bauernhaus in einem Dorf bei Kanton.
Seite 62, 63:
Alter Gutshof in einem Dorf bei Kanton.
Seite 64:
Gutshof bei Sutchou mit weißen und schwarzen Mauerflächen.
Seite 65:
Weiße und schwarze Häuser in Sutchou.
Seite 66:
Von Trauerweiden überdeckte Straße in Sutchou.
Seite 67:
Baumbestandene Straße in Sutchou.
Seite 68:
Alte Bäume an einer Ausfallstraße von Kanton.
Seite 69 unten:
Kleines Bauernhaus bei Peking: dicke Außenmauern umgeben Haus und Garten, die nur durch eine leichte Holzpapierwand voneinander getrennt sind.
Seite 69 oben:
Dasselbe Konzept – mit anderen Mitteln verwirklicht – beim Entwurf für ein modernes Haus von Johnson.
Seite 70 und 71 oben:
Enge Versprossung der Fenster oberhalb Augenhöhe in chinesischen Bauernhäusern bei Peking.
Seite 71 unten:
Ähnliche Fensterteilung bei Jugendstilbauten, zum Beispiel von Adolf Loos in Wien.
Seite 72 links:
Chinesische Einflüsse auf die europäische Architektur des 17. und 18. Jahrhunderts: schwedischer Entwurf für eine Pagode.
Seite 72 rechts:
Detail der Blumenpagode in Kanton.
Seite 73:
Blick auf ein typisches Pekinger Hofhaus.
Seite 74:
Hof eines alten Klosters bei Sutchou.
Seite 75:
Haus zwischen zwei Höfen in verschiedenen Ebenen am Tigerhügel bei Sutchou.
Seite 76–79:
Höfe in der Verbotenen Stadt in Peking.
Seite 80:
Vorhof des „Klosters der 500 Buddhas" in Sutchou.
Seite 81:
Blick in ein Pekinger Hofhaus.
Seite 82:
Typische Pekinger Wohnhöfe.
Seite 83, 84:
Höfe in der Verbotenen Stadt.
Seite 85:
Hof im Westkloster in Sutchou.
Seite 86, 87:
Höfe der Blumenpagode in Kanton.
Seite 88:
Hof zwischen Giebelhäusern in Fushan.

69

72

82

b) Tore, Torhüter und Geistermauern

Die Haus und Hof umfassende, nach außen geschlossene Mauer ist nicht das einzige Sinnbild, durch das Haus, Hof und Garten als geschützte, von der Öffentlichkeit klar getrennte Privatsphäre gekennzeichnet erscheint. Neben dem durch ein Dach betonten, oft durch Symbolfarben charakterisierten Tor waren zwei Torhüter postiert: In alten Pekinger Häusern waren es offenkundig zwei unbehauene Steine und zwei Bäume davor, später die jetzt allgemein sichtbaren, runden Steinscheiben mit Zeichen und Reliefs oder die kleinen Tierfiguren aus Stein, deren Hierarchie bis zu den vergoldeten Löwen am Kaiserpalast, Sinnbildern der angreifenden Wahrheit, oder den langes Leben verheißenden Kranichen, den Elefanten oder den Fabeltieren im kaiserlichen Garten in Peking reicht. Sowohl am Tor des kaiserlichen Gartens und Palastes, als auch an den Toren sehr vieler Wohnhäuser Pekings findet man eine weitere Vorkehrung, die den Innenraum vor Einflüssen der Außenwelt schützen soll: die hohe Türschwelle, die den „Geistern" den Eintritt zu verwehren hatte, – eine Vorkehrung, die auch im Iran zu finden ist.

Auch das dritte, zum Schutz der Privatsphäre eingesetzte Element, die „Geistermauer", finden wir sowohl beim einfachen Wohnhaus als auch bei Tempeln und Pagoden oder im Wohnbereich der „Verbotenen Stadt": sie schirmt den Einblick von der Straße in den Privatbereich ab. Bei einfachen Pekinger Wohnhäusern liegt der Eingang in der Regel an einer Ecke gegenüber der Seitenwand eines Gebäudes, in anderen Fällen, besonders bei anspruchsvollen Gebäuden, ist ein hölzerner, oft überdachter Paravent so quer zum Eingang gestellt, daß der Einblick von außen verhindert wird. Solche Paravents trifft man auch heute in den meisten Restaurants in China. Sie wirken räumlich überaus angenehm, weil solcherart auch bei geöffneten Türen die Wände des Raumes von innen ringsum geschlossen erscheinen, so daß der Raum ruhig und ungestört wirkt.

Merkwürdigerweise ist diese typisch chinesische Eingangslösung: mit einem Dach überdecktes Tor und dahinter stehende Geistermauer, auch in Persien und der Türkei bis zum Balkan, in der Gegend von Stolać in der Herzegowina anzutreffen. Hier liegen vielleicht ähnliche Verwandtschaften vor, wie sie auch zwischen chinesischen und zentraleuropäischen neolithischen Keramiken festgestellt worden sind. Man erinnert sich dabei an die von Josef Strzygovsky vertretene Auffassung, daß von Zentralasien bestimmte Einflüsse gleichermaßen nach Osten und Westen ausgegangen sein dürften.

Überall spielt in China das Tor, das den Eintritt in einen neuen Raumabschnitt bezeichnet, eine denkbar große Rolle. In den weißen Wänden der einfachen Häuser Sutchous wirkt das dunkle Tor schon durch eine einfache Steinumrahmung oder die darüber sitzenden Schriftplatten, während man manche Klöster durch kreisrunde, rote Mondtore betritt, und die Häuser reicher Bürger durch reich verzierte Steinportale, deren Türflügel mit Steinplatten belegt sind. Nicht nur in Peking wird das Tor durch das Vordach, die Torhüter und die Schwelle betont; die Tore des Kaiserpalastes tragen große, farbig ornamentierte Überlager, die mit goldenen Knöpfen beschlagenen Tore des kaiserlichen Gartens die zinnoberrote Farbe der Umfassungsmauern; und die inneren Tore werden durch weitere Tore wiederholt, die durch aneinander gebogene und so miteinander verwachsene Bäume gebildet sind. Auch der Himmelstempel ist nur durch Torgebäude zugänglich und schließlich führen zum Himmelsaltar vier Treppen mit je drei freistehenden Toren zwischen offenen Terrassen: die höchste sakrale Steigerung ist nur mehr durch niedrige Brüstungsmauern und frei im Raum stehende Tore zum Ausdruck gebracht.

In der räumlichen Spannung zwischen den eindeutig öffentlichen Straßenräumen einerseits, der zurückgezogenen, in sich ruhenden Privatsphäre andererseits, kommt die für jede Kultur wichtige und unentbehrliche Spannung zwischen öffentlichen und privaten Bereichen zum Ausdruck – ganz im Gegenteil zu der unklaren Vermischung öffentlicher und privater Sphäre in jenen modernen westlichen Stadtteilen, wo sowohl freistehende Einfamilienhäuser, als auch, neuerdings, ebenso freistehende Hoch- oder „Punkt"häuser zwischen allseits offenen Vorgärten und „Seitenabständen" in „Grünflächen" stehen, die mit den öffentlichen Straßen ausdruckslos ineinanderfließen, von den unaufhörlichen Störungen durch gegenseitige Einblicke sowie Lärm und Abgase ganz zu schweigen.

Die klar begrenzten Straßenräume geben dem öffentlichen Leben den geeigneten Hintergrund. Das zeigen die chinesischen Wohnstraßen mit ihren geschlossenen, weißen oder grauen Hausmauern, ihren Sträuchern und Bäumen, deren Kronen die Straße oft wie ein Dach überwölben, mit ihren Vor- und Rücksprüngen der Häuserfronten und den stets plastisch oder farbig sehr bewußt betonten Toren, an denen sich öffentliche und private Welt verknüpfen.

Räumlich besonders reizvoll sind die Wasserstraßen Sutchous, des „Chinesischen Venedig", mit ihren oft unmittelbar aus dem Wasser aufsteigenden Hauswänden und den klar konstruierten Brücken, deren Typus in städtebaulich charakteristischer Weise von der Rücksicht auf den Verkehr der Wasserstraßen mitbestimmt ist: Die großen, mit Segelbooten befahrenen Wasserstraßen sind mit hohen, weithin sichtbaren Bogenbrücken überwölbt, die kleineren, mit Ruderbooten befahrenen Kanäle dagegen mit geraden Steinbrücken, so daß die Differenzierung des Wasserstraßennetzes von weitem deutlich ablesbar ist.

BILDERLÄUTERUNGEN:

Seite 91:
Mondtor im „Garten der fröhlichen Stimmung" in Sutchou.

Seite 92:
Mondtor zu einer Mauernische mit Felsgruppe im „Garten des Verweilens" in Sutchou.

Seite 93:
Mondtor im Han-Shan-Ssu-Tempel in Sutchou.

Seite 94:
Tor im „Garten des Verweilens" in Sutchou.

Seite 95, 96:
Tore im Yü-Garten, Shanghai.

Seite 97:
Eingang eines alten Hauses in Peking, das von zwei Bäumen und zwei Steinen als Torhüter bewacht ist.

Seite 98, 99:
Von fensterlosen, aber räumlich differenzierten Wänden ein- bis zweigeschossiger Häuser umschlossene Straßen in Sutchou.

Seite 100:
Die Bedeutung der Wasserstraßen von Sutchou ist durch ihre Brücken weithin gekennzeichnet: hohe Bogenbrücken über den mit Segelbooten befahrenen Hauptwasserstraßen – Balkenbrücken über den mit Booten befahrenen Nebenarmen.

Seite 101:
Haustür in Peking. Der Hauseingang erscheint durch Schwelle und Torhüter geschützt. Die „Geistermauer" hinter dem Eingang schirmt den Hof gegen den Einblick von der Straße ab.

Seite 102:
Schwelle und Geistermauer finden sich auch im Iran (Bild oben) oder am Balkan, zum Beispiel in Stolać in der Herzegowina (Bild unten).

Seite 103:
Typisches Tor mit Torhüter, Schwelle und Geistermauer in der Verbotenen Stadt in Peking.

Seite 104:
Mehrfache Torausbildung durch überwölbtes Steintor und zu einem Tor zusammengebundenen Bäumen im Kaiserlichen Garten am Nordrand der Verbotenen Stadt. Unten: Elefant als Torhüter.

Seite 105:
Überwölbtes Tor zu einem überdeckten Stiegenaufgang zum Himmelstempel.

Seite 106:
Achteckiges Tor im Sommerpalast.

Seite 107:
Durch kreisrunde oder frei geformte Tore betritt man Bereiche der Freiheit von der übrigen geometrisch strengen gesetzmäßigen Ordnung: zinnoberrotes Mondtor im Westkloster in Sutchou.

Seite 107 oben:
Mondtor zu einer Wohngasse in einer roten Straßenwand in Kanton.

Seite 108:
Mondtor zum „Löwenwäldchen" in Sutchou.

Seite 109, 110:
Tore im Yü-Garten, Shanghai.

Seite 111:
Zinnoberrotes Tor zum Kaiserlichen Garten im Norden der Verbotenen Stadt.

Seite 112:
Zwischen niedrigen Mauern freistehende Tore zum Himmelsaltar.

Seite 114 links:
Alte Darstellung der Verbotenen Stadt, bei der die quer zur Achse stehenden Unterteilungen dominieren. Steinabreibung.

Seite 114 rechts:
Im Gegensatz dazu dominieren bei den Schlössern der europäischen Landesfürsten die Blickachsen.

Seite 115 links:
Park von Versailles, dessen achsiales System auch in der Stadt weitergeführt erscheint.

Seite 115 rechts:
Querteilungen in einer chinesischen Grabanlage. Steinabreibung.

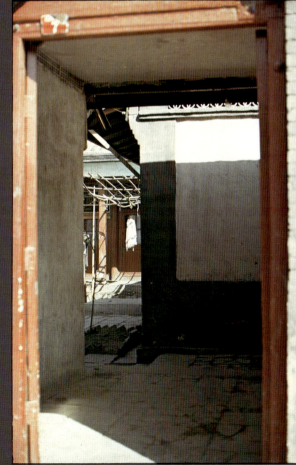

V. DER PLAN DER STADT ALS BILD DER WELT

Die bekannte Geometrie chinesischer Stadtpläne sollte nicht darüber täuschen, daß die große Masse chinesischer Wohnstraßen keineswegs an geradlinige „Fluchtlinien" gebunden ist wie die unseren, sondern daß innerhalb einer klaren, aber nicht linearen Ordnung genügend Abweichung und Abwechslung durch Vor- und Rücksprünge möglich ist, wie das ja auch in unseren mittelalterlichen Städten der Fall war. Vor allem sind die großen Achsen chinesischer Klöster und Paläste etwas grundsätzlich anderes als die weitgespannten Blickachsen der Schlösser europäischer Landesfürsten, auf die sehr lange, breite, schnurgerade Alleen oder Straßen aus weiter Entfernung hingeführt worden sind, um sie über ein möglichst weites Gebiet als Blickpunkt – Sinnbild der landesfürstlichen Macht – sichtbar zu machen, oder umgekehrt, vom Schloß aus eine möglichst unbegrenzte Perspektive in das von ihm beherrschte Umland, wenn nicht sogar in die „Unendlichkeit", zu eröffnen. Der Totalitätsanspruch dieses westlichen Systems wird durch die wichtige Tatsache unterstrichen, daß Stadtpläne genauso behandelt worden sind wie Gartenpläne – im schärfsten Gegensatz zu China, wie man sehen wird. In den europäischen Residenzen waren die Häuser der Untertanen genauso an den „Blickachsen" aufgereiht wie die Bäume in den Alleen der Parks, und sogar die Fassaden der Häuser, die diese Achsen bilden mußten, waren oft durch behördlich aufgestellte „Musterzeichnungen" bis ins letzte Detail diktiert, so daß sich zum Beispiel bei den Stadtgründungen Friedrichs II. von Preußen groteske Divergenzen zwischen vorgeschriebenen, repräsentativen Stein- und Putzfassaden an den Straßen einerseits und den aus Holz und Lehm bestehenden übrigen Teilen des Hauses andererseits ergeben haben. So war das Wohnhaus in Europa damals zur repräsentativen Kulisse gebraucht oder mißbraucht – wie später und bis heute als Objekt behördlicher Baureglementierung und der Bau- und Bodenspekulation.

Demgegenüber ist die weitgespannte Blickachse den chinesischen Klöstern, Tempeln und Palästen ebenso fremd wie das Diktat einheitlicher Fassaden. Auch Klöster, Tempel und Paläste bestehen aus hintereinander aufgereihten, jeweils in sich geschlossenen und von gleichartigen, meist ebenerdigen Gebäuden gebildeten Höfen menschlichen Maßes, wobei jeder Hof nur durch Tore oder durch die Türen der Gebäude betreten werden kann. Diese Übergänge sind beim Durchschreiten auch durch ein entsprechendes Zeremoniell betont worden.

In alten Darstellungen dominieren oft die quer zur Achse verlaufenden Unterteilungen deutlich gegenüber der Achse selbst, deren beide Seiten auch durchaus nicht immer genau symmetrisch sind. Außerdem gibt es neben den geraden „Achsen" auch versetzte: allen gemeinsam aber ist das Grundkonzept einer Abfolge voneinander weitgehend getrennter, sich steigernder Raumabschnitte.

Dabei muß bemerkt werden, daß die in den meisten Publikationen wiedergegebenen Weitwinkelaufnahmen zum Beispiel der Höfe der „Verbotenen Stadt" in Peking hinsichtlich der scheinbaren Weiträumigkeit sehr täuschen. In Wirklichkeit haben diese Räume durchwegs menschliche Maße.

Sie lösen sich auch von den natürlichen Voraussetzungen nicht ganz – man hütet sich, diese zu vergewaltigen: Wasserläufen bewahrt man auch dann, wenn sie strenge Palast- oder Klosteranlagen durchziehen, ihre natürliche Krümmung, Bäume bleiben in unregelmäßiger Verteilung stehen – ganz im Gegenteil zu westlichen barocken Schlössern und Parks, wo man mit diesen wichtigen Elementen natürlicher Umwelt nicht anders umgeht als mit Ziegeln oder Bausteinen.

Die Tore symbolisieren den wichtigen Augenblick, in dem man von einem Raumabschnitt in den nächsten vordringt, der begreiflicherweise eine weitere, höhere Stufe des räumlichen Gefüges bildet. Schon diese Hierarchie der Räume, die man mit einer in die Ebene projizierten Steigerung nach oben verglichen hat, schließt ja eine durchgehende Blickachse aus, die alles ringsum auf den einen Punkt des Schlosses bezieht und damit anstelle der einander folgenden, sich steigernden Raumerlebnisse, an die Stelle des Ablaufes des Weges durch die Höfe, das EINE äußere Bild bzw. die eine Hauptfassade des Gebäudes als den alles beherrschenden „Blickpunkt" setzt. Welcher Unterschied also zwischen chinesischen und westlichen Anlagen: während die ihrer Hauptaufgabe als Privatsphäre weitgehend beraubten Häuser der Untertanen des „Sonnenkönigs" und seiner Kollegen wie Bäume an großen Blickachsen Spalier stehen müssen, läßt der „Himmelssohn" das private Haus nicht nur unangetastet, sondern verwendet den Typus des Bauernhauses als Grundmotiv seines Palastes und bleibt im Gesamtkonzept bei der Aneinanderreihung der Höfe, wie sie alle übrigen Wohnhäuser kennzeichnet. Vielleicht kommt damit jene chinesische Grundeinstellung zum Ausdruck, über die Granet sagt:

„Man spricht gern von der Liebe der Chinesen für die Geselligkeit; gern schreibt man ihnen auch ein rebellisches Tempe-

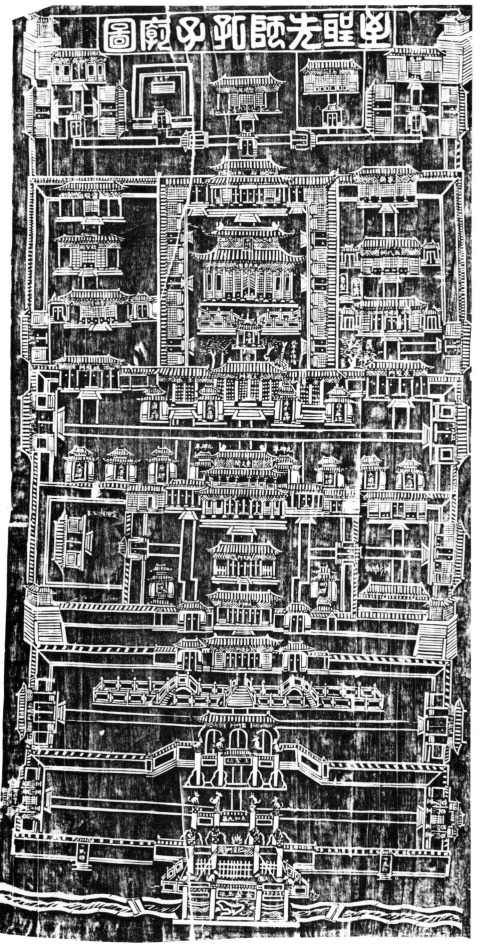
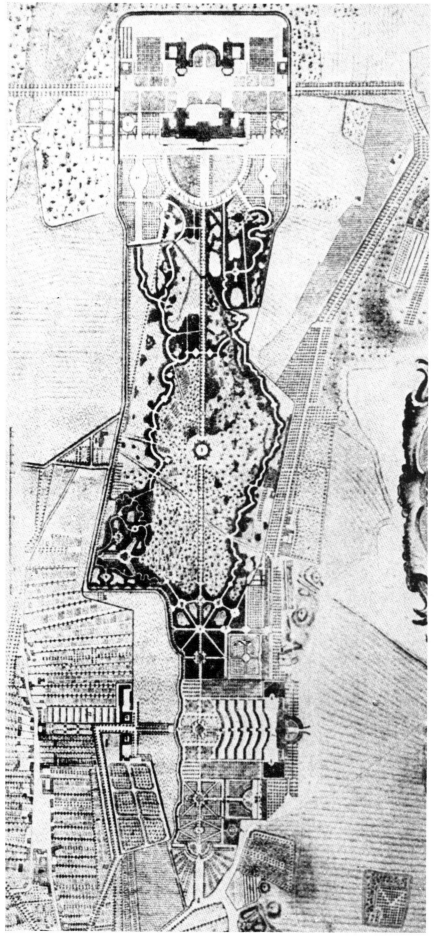

114

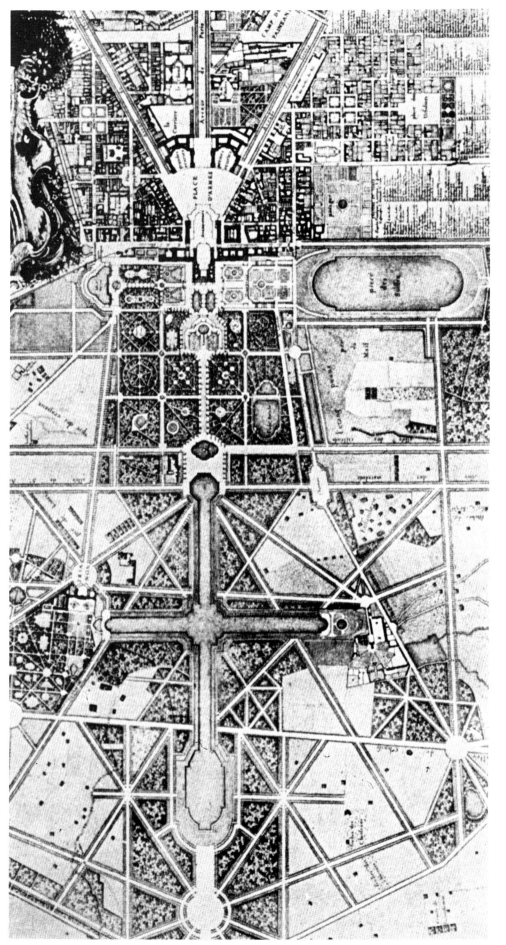

15

rament zu. Tatsächlich entsprechen ihr Gemeinschaftssinn ebenso wie ihr Individualismus einer bäuerlichen Gesinnung. Die Art und Weise, in der sie sich die Ordnung vorstellen, entspricht einem gesunden und bäuerlichen Empfinden für das gute Einvernehmen. Wie der Mißerfolg der Legalisten und der Erfolg sowohl der Taoisten als auch der Konfuzianer beweisen, beruht dieses Empfinden – das durch administrative Eingriffe, egalitäre Zwangsregeln wie auch durch abstrakte Gesetzestexte und Verfügungen gestört würde – auf einer Art leidenschaftlichen Unabhängigkeitsstrebens wie auch auf einem nicht minder stark empfundenen Bedürfnis nach Zusammenschluß und Freundschaft. Staat, Dogma und Gesetz eignen sich in keiner Weise als Stützen der Ordnung. Denn man stellt sich die Ordnung als einen Frieden vor, der weder durch die abstrakten Formen des Gehorsams noch mit den abstrakten Formen von Vernunftschlüssen zu begründen oder zu errichten wäre. Damit dieser Frieden überall einzieht, bedarf es einer Bereitschaft zur Versöhnung, die andererseits ein feines Gefühl für das im jeweiligen Fall Schickliche, für die spontanen Zusammengehörigkeiten und frei sich bildenden Stufenordnungen voraussetzt."[26a]

Noch 1919 berichtet A. v. Rosthorn:

„Einen freieren Mann als den chinesischen Landmann kann man sich kaum denken; er hat nichts zu fürchten als den Zorn des Himmels, der ihm seine Ernte verderben kann. Das Gefühl der Freiheit beim gemeinen Mann beruht zum Teil auf dem Bewußtsein der Gleichheit und Solidarität mit seinesgleichen, zum Teil aber auch auf der beneidenswerten Freiheit vom Staate.

Der Chinese kennt keine allgemeine Wehrpflicht. Er zahlt seine Steuern in derselben Höhe, wie sein Vater und Großvater es getan, an die Dorfältesten, und diese führen sie an die Behörden ab. Mit dem Gerichte kommt er kaum je in Berührung, denn alle Besitzstreitigkeiten werden durch Schiedsspruch geschlichtet, und Gerichte tragen bisweilen die Aufschrift: Hütet euch vor Prozessen. Alle Fragen der Wohlfahrt, der Schule, der Straßen und insbesondere des Wasserrechts werden durch die Gemeinden autonom geregelt. Der geringste Regierungsbeamte verwaltet einen politischen Bezirk von der Größe unserer Bezirkshauptmannschaften und versieht nebenbei die Finanzverwaltung und das Richteramt seines Bezirkes. Es gibt gegen 1500 solcher Bezirke, so daß also ein Verwaltungsbeamter auf 200.000 Einwohner entfällt. Alles, was außerhalb der genannten Funktion liegt, ist der Selbstverwaltung überlassen. Die Selbstverwaltung wird durch die gentry im Ehrenamt besorgt. Bei uns kennt man den Begriff der gentry nicht, wie es auch keinen Namen dafür gibt. Die gentry setzt sich aus den Honoratioren oder Respektspersonen des Ortes zusammen, als da sind ausgediente Beamte, Besitzer akademischer Grade, wohlhabende Bürger von anerkannter Rechtlichkeit. Alter und Bildungsgrad sind die vornehmsten Qualifikationen."[27]

Diese Freiheit von den uns geläufigen Reglementierungen nach dem „Buchstaben des Gesetzes" darf freilich nicht über eine Lückenlosigkeit und Allgemeingültigkeit baulicher und städtebaulicher Ordnung täuschen – wie sie ja auch nur durch gemeinsame, bildhafte Vorstellungen, kaum aber durch eine Summe von Einzelvorschriften erreicht werden könnte –, Ordnungsvorstellungen, durch die man alle Elemente der natürlichen und der von Menschen geschaffenen Welt so in Beziehung zueinander zu setzen versucht hat, daß die gebaute Welt in Übereinstimmung nicht nur mit der Gesellschaftsordnung, sondern auch mit dem ganzen Universum gebracht und gleichsam zu seinem dauernden Sinnbild gemacht wurde.

Schon die städtebauliche Lage des Wohnhauses innerhalb des von Mauern und Toren abgeschlossenen Stadtviertels, „Fang", entspricht der gesellschaftlichen Stellung des Besitzers, so daß große Häuser mit mehreren Höfen von Hauptstraßen, kleinere von den Seitengassen aus zugänglich waren. Man erinnert sich dabei daran, daß in unseren mittelalterlichen Städten die Häuser nach dem Beruf des Besitzers und damit ebenfalls nach seiner Stellung in der Gesellschaft geordnet waren: die großen Häuser der Kaufleute an den Marktplätzen und Hauptstraßen, die Ackerbürgerhäuser am Stadtrand, dazwischen die Handwerkerhäuser an den für jedes Handwerk typischen Gassen, an schmalen Wohnwegen oder Innenhöfen die Wohnungen der alten Leute, Witwen usw.

Darüber hinaus war aber das Rechteckschema chinesischer Stadtgrundrisse, die Lage der Tore und des Palastes, die Farbe seiner Mauern und Dächer, die Lage der Märkte usw. von einer allgemeingültigen Weltvorstellung bestimmt – der Stadtplan war gleichsam ein „Bild" der Welt.

Die in der Literatur wiederholt besprochene und betonte, für uns aber immer noch unvorstellbar weitgehende Übereinstimmung städtebaulicher und baulicher Ordnung und Gestaltung mit der Welt-„anschauung", das heißt mit einer in hohem Grade bildhaften Vorstellung vom Universum, wird erst aus jenen grundsätzlichen Unterschieden zwischen westlichem und chinesischem Denken verständlich, die zum Beispiel Granet darstellt:

„Anders als im Abendland hat im Denken Chinas stets die

Synthese dominiert. Ein chinesischer Philosoph oder Wissenschaftler ist überzeugt, eine gültige Einsicht gewonnen zu haben, sobald er alle zur Erklärung einer bestimmten Erscheinung notwendigen Beziehungen definiert und dabei Theorie und objektive Erfahrung zur Deckung gebracht hat. Indem er so vorgeht, beschreibt er induktive Zusammenhänge, denn das chinesische Denken kennt die (zunächst mechanische) Kausalität als Erklärungsprinzip nicht. Und da er niemals ein Ding für sich definiert, sondern in erster Linie nach dessen Bezogenheit zum Ganzen, zu einem ‚Feld‘, zu einer Gruppe beurteilt, so ergibt sich zwangsläufig, daß jede Gesetzmäßigkeit immer auf den größeren Zusammenhang hinweist und ihren Platz in einem Zyklus (nicht in einer linearen Reihe) einnimmt. Da ein Zyklus zwar nicht unendlich, wohl aber endlos ist, kann es mithin aus einer solchen Weltsicht definitionsgemäß kein absolut unerklärtes oder unerklärliches Phänomen geben.

Anders formuliert bedeutet dies: Die Umwelt fordert nicht beständig dazu heraus, in ihr Rätsel zu lösen und neue Horizonte zu entdecken. Auf diesen Umstand – und nicht etwa auf die relativ günstige geographische Lage – ist es zurückzuführen, daß sich in China soziale Gebilde, politische Institutionen wie auch philosophische Ideen durch eine eindrucksvolle Stabilität auszeichnen . . ."[28]

„Bei keinem der Weisen des Alten China findet sich ein Hinweis darauf, daß er je das Bedürfnis verspürt hätte, sich eines unseren abstrakten Vorstellungen von Zeit, Zahl, Raum und Kausalität vergleichbaren Begriffes zu bedienen. Demgegenüber trachten die Lehrer aller ‚Schulen‘ danach, mit Hilfe eines Paares konkreter Symbole (des Yin und des Yang) die Vorstellung eines gleichförmigen Rhythmus mitzuteilen, die es ihnen erlaubt, Beziehungen zwischen Zeit- und Raumabschnitten und Zahlen zu entwickeln, die als ein Zusammenwirken gegenseitig bedingter Bewegungsabläufe aufgefaßt werden. Als Emblem einer noch viel umfassenderen Vorstellung ist das Tao in keiner Weise mit unserem Begriff der Kausalität zu vergleichen, sondern es muß unverhältnismäßig viel weiter gefaßt werden. Es ist Ausdruck – wir dürfen nicht sagen für das einmalige Prinzip der kosmischen Ordnung, sondern wir müssen sagen – für die Einheit und Ganzheit einer gleichzeitig idealen und tatsächlichen Ordnung. Sowohl das Tao als oberster Sammelbegriff wie auch das Yin und das Yang als sekundäre Sammelbegriffe stellen wirksame Embleme dar. Sie bedingen die Ordnung in der sichtbaren Welt im gleichen Maße wie im unsichtbaren Bereich. Niemand denkt daran, sie näher zu umschreiben. Für alle jedoch sind sie mit einer Wirkkraft ausgestattet, die offenbar mit der vernünftigen Notwendigkeit identisch ist . . .

Kein Philosoph stellt sich die Zeit als eine gleichförmige Dauer vor, die sich aus der Abfolge von gleichwertigen, sich in gleichförmiger Bewegung ablösenden Augenblicken ergibt. Ebenso lag auch keinem daran, den Raum als räumliche Ausdehnung aufzufassen, die durch die Aneinanderreihung gleichförmiger Bausteine entsteht, als eine räumliche Ausdehnung aus untereinander gleichen Abschnitten. Allen erschien es hingegen sinnvoll, die Zeit als einen Komplex von Ären, Jahreszeiten und Epochen und den Raum als einen aus Herrschaftsbereichen, Klimaten und Himmelsrichtungen bestehenden Komplex aufzufassen. In dem Maße, wie der Raum die besonderen Eigenschaften eines bestimmten Klimas oder Herrschaftsbereiches annimmt, ist er in jeder Himmelsrichtung ein anderer. In derselben Weise ist die Zeitdauer nach verschieden gearteten Perioden differenziert, von denen jede die für eine bestimmte Jahreszeit oder Ära kennzeichnenden Merkmale besitzt. Indes, während zwei Abschnitte des Raumes sich grundlegend voneinander unterscheiden können und sich ähnliches von zwei Zeitabschnitten behaupten läßt, so hängt doch jede Periode mit einem bestimmten Klima und jede Himmelsrichtung mit einer Jahreszeit zusammen. Jedem umgrenzten Zeitabschnitt entspricht ein ganz spezifischer Teil des Raums. Beide haben an der gleichen natürlichen Beschaffenheit teil, die sich bei beiden in einem Bestandteil unlösbar zusammengehöriger Attribute offenbart."[29]

Diese Art, ein Welt-„Bild" nicht nach begrifflich präzise definierbaren, durch Maß und Zahl nachweisbaren Folgen kausaler Abläufe zu konstruieren, sondern es als vielfältigen Ausdruck einer einzigen, einheitlichen, übergeordneten, an jedem Ort und zu jeder Zeit gleichermaßen gültigen und wirkenden Gesetzmäßigkeit aufzufassen und sich vorzustellen, erscheint uns vielleicht nicht ganz so fremd, seit die Atomphysik einerseits, die Tiefenpsychologie und Parapsychologie andererseits begründete Zweifel an der ausschließlichen Gültigkeit der Kausalität bzw. daran hat aufkommen lassen, ob sie zur Deutung aller Phänomene ausreicht.

L. Abegg hat diesbezüglich auf Jung verwiesen, der im Vorwort zum „Geheimnis der goldenen Blüte", dem von Richard Wilhelm übersetzten wichtigen Orakelbuch „I Ging" sagt:

„Die Wissenschaft des I Ging beruht nämlich nicht auf dem Kausalprinzip, sondern auf einem bisher nicht benannten – weil bei uns nicht vorkommenden – Prinzip, das ich versuchsweise als synchronistisches Prinzip bezeichnet habe. Meine

Beschäftigung mit der Psychologie unbewußter Vorgänge hat mich schon vor vielen Jahren genötigt, mich nach einem anderen Erklärungsprinzip umzusehen, weil das Kausalprinzip mir ungenügend erschien, gewisse merkwürdige Erscheinungen der unbewußten Psychologie zu erklären. Ich fand nämlich zuerst, daß es psychologische Parallelerscheinungen gibt, die sich kausal schlechterdings nicht aufeinander beziehen lassen, sondern in einem anderen Geschehenszusammenhang stehen müssen. Dieser Zusammenhang schien mir wesentlich in der Tatsache der relativen Gleichzeitigkeit gegeben, daher im Ausdruck ‚synchronistisch'"[30]

Dazu bemerkt Helmut Wilhelm:

„Schon die Tatsache des Orakels selbst und die Art, wie die Antworten gesucht und gefunden werden, bezeugt uns, daß hier eine Art von Denken am Werke ist, das dem unsern völlig inadäquat ist. In Europa hat man sich, seit man zu denken begann, an eine subordinierende Denkweise gewöhnt, der die Kausalität Prinzip und Gesetz war. Ich möchte die Denkweise, die uns aus diesem Buche entgegentritt und die wir ja in China noch bis in die Gegenwart hinein ständig erleben können, die koordinierende nennen. Begriffe werden nicht untereinander subsumiert, sondern nebeneinandergestellt, und ihre gegenseitigen Beziehungen sind nicht durch den Kausalschluß bedingt, sondern durch eine Art von Induktanz. Koordinierende Begriffserien bilden also den Rahmen des Denkens..."[31]

Übrigens hat Heisenberg schon 1964 in seiner Rede in Athen über die „Naturgesetze und die Struktur der Materialien" auf die „Spannung zwischen der wissenschaftlichen Methode einerseits, der Beziehung zur Gesellschaft andererseits" hingewiesen. „Die Spannung zwischen der Forderung nach völliger Klarheit und der unvermeidlichen Unzulänglichkeit der existierenden Begriffe ist in der modernen Naturwissenschaft besonders ausgeprägt. In der Atomphysik verwenden wir eine hochentwickelte mathematische Sprache, die hinsichtlich Klarheit und Präzision alle Ansprüche befriedigt. Gleichzeitig erkennen wir, daß wir die atomaren Erscheinungen nicht in unzweideutiger Weise in irgendeiner gewöhnlichen Sprache beschreiben können...

Diese Situation wirft einiges Licht auf die besprochene Spannung zwischen der wissenschaftlichen Methode einerseits, der Beziehung der Gesellschaft zu dem ‚Einen', zu den grundlegenden Prinzipien hinter den Phänomenen andererseits. Es scheint selbstverständlich, daß diese letztere Beziehung nicht in einer hochgezüchteten präzisen Sprache ausgedrückt werden kann oder soll, deren Anwendbarkeit auf die Wirklichkeit sehr beschränkt sein mag. ... Plato selbst hat sich mit dieser Beschränkung nicht begnügt. Nachdem er mit äußerster Klarheit die Möglichkeiten und Grenzen der präzisen Sprache aufgezeigt hatte, wechselte er zur Sprache der Dichter über, die im Hörer Bilder erzeugt, die ihm eine ganz andere Art des Verstehens vermittelt. Ich möchte hier nicht erörtern, was diese Art des Verstehens wirklich bedeuten kann. Wahrscheinlich sind diese Bilder mit unbewußten Formen unseres Denkens verknüpft, die von den Psychologen als Archetypen bezeichnet werden, Formen von stark emotionalem Charakter, die in irgendeiner Weise die inneren Strukturen der Welt spiegeln. Aber was auch immer die Erklärung für diese anderen Formen des Verständnisses sein mag, die Sprache der Bilder und Gleichnisse ist wahrscheinlich die einzige Art, sich dem ‚Einen' von allgemeineren Bereichen her zu nähern. Wenn die Harmonie in einer Gesellschaft auf der gemeinsamen Interpretation des ‚Einen' beruht, des einheitlichen Prinzips hinter den Erscheinungen, so dürfte an dieser Stelle die Sprache der Dichter wichtiger sein als die der Wissenschaft."[32]

Die Chinesen sind schon durch ihre Schrift zu einer bildhaften, freien und kombinatorisch selbständigen Art des Denkens hingeführt worden. Eine Schrift, die aus Bildern entstandene Zeichen und damit Vorstellungen ohne die präzise Formulierung unserer Grammatik nebeneinander setzt, fordert vom Lesenden mehr selbständiges kombinatorisches Denken und gibt ihm gleichzeitig mehr Freiheit zu selbständigem Mitempfinden und Mitdenken – was ja auch in den großen Unterschieden der Übersetzungen zum Ausdruck kommt.

„Das chinesische Wort ist etwas ganz anderes als ein bloßes Zeichen, mit dessen Hilfe ein Begriff aufgezeichnet wird. Es entspricht nicht einer Vorstellung, deren relative Abstraktion oder Allgemeingültigkeit man so präzis als möglich festzulegen sucht. Es hebt vielmehr einen unumschriebenen Komplex bildhafter Vorstellungen ins Bewußtsein, wobei von diesen die aktivste zuerst in Erscheinung tritt...

So wie das einzelne Wort nicht nur einem einzigen Begriff entspricht, so ist es auch nicht nur ein bloßes Zeichen. Es ist nicht ein abstraktes Zeichen, das mit Hilfe grammatikalischer oder syntaktischer Kniffe Leben erhält. Hinter seiner unwandelbaren ‚Einsilbigkeit', seiner völlig neutralen äußeren Gestalt bewahrt es die gesamte gebieterische Kraft der Tat, deren klangliche Entsprechung, deren Emblem es ist.

Diese Macht der Worte und ihre Besonderheit, nicht als bloße Zeichen, sondern als Klangembleme zu gelten, bekundet sich am deutlichsten in bestimmten Ausdrücken, die gewöhnlich verdoppelt gebraucht werden und beschreibende Hilfswörter darstellen...

Weder beim Wortschatz noch in der Grammatik läßt irgend etwas den Schluß zu, daß die Chinesen jemals das Bedürfnis verspürt haben, den Worten gleichzeitig mit einem typischen Äußeren die Kraft zu verleihen, ihre jeweilige Bedeutung und Funktion klar anzuzeigen. Bisweilen möchte es scheinen, daß manche Worte eine Art musikalischer Nachahmung darstellen. Das ist es aber keineswegs, was ihnen eine solche Suggestivkraft verleiht, daß sich mit ihrem Aussprechen ein zwingender Befehl verbindet. Die Tatsache, daß an jedes Wort neben einer magischen Kraft auch latent ein Imperativ geknüpft ist, beruht auf einer typischen Grundeinstellung der Chinesen gegenüber dem Wort. Offenbar lag ihnen überhaupt nicht an der Schaffung eines Bestands klarer Ausdrücke, die lediglich als Zeichen Gültigkeit hätten, die aber an sich indifferent wären. Hingegen scheinen sie größten Wert darauf gelegt zu haben, daß ein jedes Wort ihrer Sprache in ihnen das Gefühl von der Einheit des gesprochenen Wortes mit der entsprechenden Handlung wachrief...

Die Kunst der Wortwahl ist die sichtbare Krönung des *Zaubers der Ausstrahlungen* und des Einflusses der *Etikette*. Die Zuordnung einer Vokabel ist gleichbedeutend mit der Verleihung eines Rangs, eines Schicksals – eines Emblems. Indem man ausspricht, benennt und bezeichnet, beschreibt und unterscheidet man nicht bloß ideell. Das Wort bewertet und verunreinigt, fordert das Schicksal heraus und läßt Wirklichkeit werden. Als emblematische Wirklichkeit gebietet das Wort über die Erscheinungen...

Der unübersehbare Wortbestand ist nicht das Ergebnis einer Bestandsaufnahme, bei welcher es auf Klarheit ankommt; er stellt vielmehr eine Sammlung von einmaligen, mit Wirkkraft ausgestatteten Werturteilen dar. Er bildet ein System von Symbolen, durch deren Anwendung als wirkende Embleme eine durch die Etikette geregelte Ordnung zu verwirklichen möglich werden soll...

Die Vorzüge der chinesischen Schrift liegen in einem ganz anderen Bereich, und zwar im praktischen, nicht im ideellen. Es können sich dieser Schrift Menschen bedienen, die untereinander ganz verschiedene Dialekte, ja Sprachen sprechen, wobei der Lesende jeweils auf seine Weise ausspricht und der Dichter sich die Worte im gleichen Sinne vorstellt, obzwar er sie ganz anders ausspricht. Diese von historischem Aussprachewandel unabhängige Schrift ist zu einem bewunderungswürdigen Werkzeug der Kulturtradition geworden. Da sie von lokalen Aussprachenunterschieden ebenfalls unabhängig ist, liegt ihr Hauptvorzug darin, das zu sein, was man als ‚Kulturschrift' bezeichnen könnte...

Das Chinesische konnte sich zu einer einflußreichen Kultursprache und einer bedeutenden Literatursprache entwickeln, ohne sich um einen reichen Bestand von Lautbildern oder eine bequeme Schrift besonders zu kümmern, ohne sich auch mit umfassenden abstrakten Ausdrucksmöglichkeiten oder einer syntaktischen Ausrüstung versehen zu müssen. Worte und Satzabschnitte vermochten im Chinesischen ihren durchaus konkreten emblematischen Wert zu bewahren. Der Rhythmus allein genügte, um den Ausdruck der Gedanken zu gliedern. Aus einer Neigung zum adäquaten, konkreten und umfassenden Ausdruck heraus hat sich die Sprache beständig gegen formale Umschreibungen gesperrt...

Die Chinesen haben ihren Sitten, ihren Künsten, ihrer Schrift, ihrer Weisheitslehre den ganzen Fernen Osten unterworfen. Auch heute würde kein Volk im ganzen Fernen Osten, gleichgültig, ob es entmachtet erscheint oder sich neuer Macht brüstet, es wagen, die chinesische Kultur zu verleugnen. In welch hellem Glanz auch die Experimentalwissenschaften westliche Kultur erstrahlen lassen mögen, die beherrschende Geltung der chinesischen Kultur erleidet keinen Abbruch. Das, was die Menschen im Fernen Osten zu erhalten trachten, nachdem sie es von der chinesischen Kultur empfangen haben, ist eine bestimmte *Einsicht in den Sinn des Lebens,* es ist eine Weisheitslehre."[33a]

Wie weitgehend die chinesische Welt-Vorstellung in den alten Zeremonien verkörpert war, durch die der Kaiser für gute Ernte und eine gedeihliche Entwicklung sorgen sollte und die darüber hinaus das gesamte Verhalten des Volkes in Übereinstimmung mit der Natur zu bringen hatte, zeigen am anschaulichsten die Beschreibungen der zu verschiedenen Jahreszeiten üblichen Zeremonien und Anordnungen, wie sie im „Frühling und Herbst des Lü Bu We" zu finden sind und hier für den „ersten Frühlingsmonat" und den „letzten Sommermonat" wiedergegeben werden:

„Der erste Frühlingsmonat / Mong Tschun
Im ersten Frühlingsmonat steht die Sonne im Zeichen Ying Schi. Zur Zeit der Abenddämmerung kulminiert das Sternbild Schen. Zur Zeit der Morgendämmerung kulminiert das Sternbild We. Seine Tage sind Gia und I. Sein göttlicher Herrscher ist Tai Hau (der große Leuchtende). Sein Schutzgeist ist Gou Mang (der Säer). Seine Tiere sind die Schuppentiere. Seine Note ist Güo. Seine Tonart ist Tai Tsu. Seine Zahl ist acht. Sein Geschmack ist sauer. Sein Geruch ist muffig. Man opfert den Türgeistern. Unter den Opfergaben steht die Milz voran.

Der Ostwind löst das Eis. Die Tiere beginnen aus ihrem Winterschlaf erweckt zu werden. Die Fische stoßen das Eis auf. Der Fischotter opfert Fische. Die Zuggans zieht nach Norden.

Der Himmelssohn weilt in der Tsing Yang Halle im linken Raum. Er fährt im Fasanenwagen, an dem große blauschwarze Drachenpferde angespannt sind. Es werden grüne Flaggen aufgesteckt. Man kleidet sich in grüne Kleider und trägt grünen Nephrit. Man ißt Weizen und Schaffleisch. Die Opfergefäße sind durchbrochen, um die Luft durchziehen zu lassen.

In diesem Monat begeht man den Eintritt des Frühlings. Drei Tage vor dem Eintritt des Frühlings begibt sich der Großastrolog zum Himmelssohn und spricht: ‚An dem und dem Tag ist Frühlingseintritt; die wirkende Kraft beruht auf dem Holz.' Der Himmelssohn fastet dann. Am Tag des Frühlingseintritts begibt sich der Himmelssohn in eigener Person an der Spitze der hohen Räte, der Fürsten und Räte persönlich zum Pflügen auf den Acker des Herrn. Der Himmelssohn zieht drei Furchen, die drei höchsten Würdenträger ziehen fünf Furchen, die hohen Räte, Fürsten und Räte neun Furchen. Heimgekehrt, ergreift der Himmelssohn im großen Gemach einen Pokal, während die drei höchsten Würdenträger, die neuen hohen Räte, die Fürsten und Räte alle beisammen sind, und spricht zu ihnen: ‚Dies ist der Wein für eure Mühe.'

In diesem Monat hat sich die Kraft des Himmels nach unten gesenkt, und die Kraft der Erde ist nach oben gestiegen. Himmel und Erde sind im Einklang und vereinigen ihre Wirkung. Kräuter und Bäume regen sich üppig.

Der König macht die Ackerbaugeschäfte bekannt. Er befiehlt den Feldaufsehern, auf dem östlichen Anger ihre Wohnungen aufzuschlagen, die Grenzen und Scheidewege in Ordnung zu bringen, die Pfade und Kanäle gerade zu ziehen, eine genaue Übersicht anzufertigen über die Berge und Hügel, die Täler und Schluchten, die Ebenen und Sümpfe und entsprechend dem, was an den einzelnen Plätzen am besten fortkommt, die fünf Getreidearten einzupflanzen. Um das Volk darüber zu belehren, müssen sie bei allem selbst dabei sein. Wenn die Felder im voraus genau vermessen sind und nach der Linie begrenzt, so wissen die Bauern Bescheid.

In diesem Monat erhält der Musikmeister den Befehl, die Schulen zu besuchen und die heiligen Tänze einzuüben.

Die Opferlisten werden in Ordnung gebracht, es ergeht der Befehl, den Geistern der Berge, Wälder, Flüsse und Seen zu opfern. Als Opfer werden keine weiblichen Tiere verwendet. Es ist verboten, Bäume zu fällen.

Man darf keine Nester ausnehmen und keine unausgebildeten, ungeborenen Tiere und halbflüggen Vögel töten, ebensowenig Hirschkälber und Eier.

Es sollen keine großen Menschenansammlungen stattfinden, keine Stadtmauern und Türme gebaut werden.

Gerippe und Tote werden verscharrt und eingegraben.

In diesem Monat darf man nicht zur Waffe greifen. Wer zu den Waffen greift, wird sicher von des Himmels Strafe getroffen. Wenn niemand die Waffen gegen uns ergriffen hat, so dürfen wir nicht damit anfangen. Man darf den Lauf des Himmels nicht ändern. Man darf die natürlichen Linien der Erde nicht durchbrechen. Man darf die Ordnungen des Menschlebens nicht stören.

Wenn im ersten Frühlingsmonat die für den Sommer gültigen Ordnungen befolgt würden, so würden Wind und Regen nicht zur rechten Zeit kommen, Kräuter und Bäume vorzeitig dürr werden und die Staaten in Aufregung geraten. Wenn die für den Herbst gültigen Ordnungen befolgt würden, so würden die Menschen von großen Seuchen betroffen werden, Stürme und Platzregen würden sich häufen, und allerlei Unkraut würde wuchern. Wenn die für den Winter gültigen Ordnungen befolgt würden, so würde Unheil durch Überschwemmungen angerichtet, Reif und Schnee würden großen Schaden tun. Die Wintersaat würde nicht heimgebracht werden können ..."

„Der letzte Sommermonat / Gi Hia

Im letzten Sommermonat Gi Hia steht die Sonne im Zeichen Liu. Zur Zeit der Abenddämmerung kulminiert das Sternbild Kui. Seine Tage sind Bing und Ding. Sein göttlicher Herrscher ist Yän Di (der flammende Herrscher). Sein Schutzgeist ist Dschu Yung (der Schmelzmagier). Seine Tiere sind die gefiederten Tiere. Seine Note ist Dschi. Seine Tonart ist Lin Dschung. Seine Zahl ist sieben. Sein Geschmack ist bitter. Sein Geruch ist brenzlig. Man opfert dem Herdgeist; unter den Opfergaben steht die Lunge obenan.

Der kühle Wind beginnt sich einzustellen.

Das Heimchen wohnt in den Häusern. Der Habicht übt sich im Raub.

Aus faulem Grase entstehen die Glühwürmchen.

Der Himmelssohn weilt in der Lichthalle im rechten Raume. Er fährt im Scharlachwagen, an dem schwarzmähnige Füchse angespannt sind. Es werden rote Flaggen aufgesteckt, man kleidet sich in rote Kleider und trägt roten Nephritschmuck. Man ißt Bohnen und Hühner. Die Gefäße sind hoch und groß.

In diesem Monat erhält der Fischmeister den Befehl, die Alligatoren zu töten, die Gaviale zu fangen, Karettschildkröten darzubringen und Meeresschildkröten zu fangen. Darauf bekommt der Förster den Befehl, die verwendbaren Schilfarten darzubringen.

In diesem Monat erhalten die vier Inspektoren den Befehl, die Beamten und hundert Kreise zu versammeln und Gras zu beschaffen zur Fütterung der Opfertiere.

Alles Volk erhält den Befehl, alle Kraft aufzubieten, damit die Opfertiere geliefert werden können für den höchsten Herrscher des erhabenen Himmels, für die Götter der berühmten Berge, der großen Ströme und der vier Weltgegenden, damit man opfern kann den Geistern im Ahnentempel und auf dem Altar der Erde und des Korns, um für das Volk Glück zu erflehen.

In diesem Monat erhalten die Aufseher der Frauenarbeiter den Befehl, Farben zu beschaffen für die Ornamente Fu, Fu, Wen, Dschang, die alle dem Gebrauch gemäß hergestellt werden müssen, ohne daß eine Abweichung stattfinden darf. Schwarz, Gelb, Grün, Rot müssen alle in echten Farben hergestellt werden. Niemand darf es wagen, gefälschte Stoffe herzustellen, denn die so bereiteten Gewänder sollen zu den Opfern auf dem Anger und im Ahnentempel verwendet werden, und um Flaggen und Gewänder herzustellen zur Bezeichnung der einzelnen Grade von vornehm und gering.

In diesem Monat sind die Bäume eben in vollem Saft. Deshalb erhalten die Förster den Befehl, in die Wälder zu gehen und die Bäume zu besichtigen, daß nicht etwa jemand Holz fällt oder schneidet.

Man darf nicht Erdarbeiten unternehmen, man darf nicht die Lehnsfürsten versammeln, man darf nicht Soldaten ausheben und die Massen in Bewegung setzen. Auch keine große Unternehmung beginnen, wodurch die Lebenskraft erschüttert und zerstreut würde. Man soll keine Befehle ergehen lassen, wodurch die Zeiten beeinträchtigt würden und die Arbeiten des Schen Nung (göttlichen Landmanns) gehindert würden. Die Überschwemmungen durch das Wasser sind besonders ausgedehnt, darum muß man den Schen Nung anweisen, die Arbeiten zu besichtigen. Würde man große Unternehmungen beginnen, so würden Strafen des Himmels die Folge sein.

In diesem Monat ist die Erde feucht und breiig. Es ist heiß, und große Regen fallen dauernd nieder. Wenn das verbrannte Unkraut in das Wasser kommt, so wird es dadurch abgetötet, wie durch heißes Wasser, und man kann es zum Düngen der Felder und zum Verbessern der Dammerde benützen.
Wenn man die Ordnung dieses Monats befolgt, so fällt dreimal süßer Regen in drei Dekaden zwei Tage lang. Wenn im letzten Sommermonat die für den Frühling gültigen Ordnungen befolgt würden, so würden die Körnerfrüchte sich lösen und zur Erde fallen. Im Lande würden viele Erkältungen und Hustenkrankheiten herrschen, und die Leute würden hin und her ihre Wohnsitze verlegen. Wenn die für den Herbst gültigen Ordnungen befolgt würden, so würden Hügel und Sümpfe vom Wasser gleichmäßig überschwemmt werden. Das Getreide würde nicht reif, und häufige Frühgeburten würden eintreten. Wenn die für den Winter gültigen Ordnungen befolgt würden, so würde Kälte und Wind vorzeitig eintreten, Falken und Sperber würden früh schon auf den Raub gehen. Von allen Seiten würde das Landvolk (von Räubern bedrängt) sich in die festen Plätze flüchten."[33]

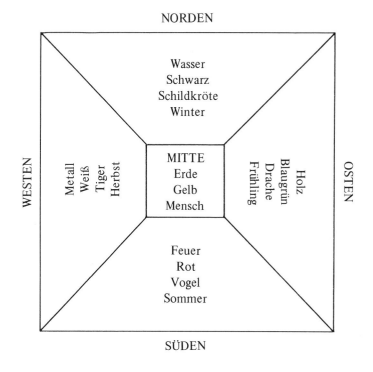

Aus derselben Zeit, Anfang des Han-Reiches, sind uns ausführliche Beschreibungen der Hauptstädte Changan und Loyang bekannt. Ihre Pläne beruhen auf der Vorstellung einer von der blauen Himmelshalbkugel überwölbten, ebenen, gelben, durch ein System von Rechtecken geordneten Erde und der weiteren Vorstellung von fünf Lebenskräften, von vier heiligen Bergen und vier Himmelsrichtungen, denen entsprechende Jahreszeiten, Grundmaterialien, Farben und Symboltiere zugeordnet waren, wie ein bekanntes Diagramm zeigt.

Die beiden Hauptrichtungen Nord und Süd mit den zugehörigen Farben Schwarz und Rot entsprechen den zugehörigen Jahreszeiten Winter und Sommer, den zugehörigen Symboltieren Schildkröte und Vogel, dem die Welt rhythmisch bewegenden polaren Kräftepaar des Yin und Yang, dem weiblichen, passiven, kühlen, dunklen einerseits, dem männlichen, aktiven, warmen, hellen andererseits.
Wie weit diese Gedanken bei der Errichtung einer Stadt verwirklicht bzw. zum Ausdruck gebracht wurden, zeigt ein Bericht über das nach seiner Zerstörung in der T'ang-Zeit wieder aufgebaute Changan.
„Einem ausländischen Besucher muß dieses neue Changan als glanzvollste Metropole der Welt erschienen sein – eine mittelalterliche Stadt, die sich nur mit Babylon, Alexandria und

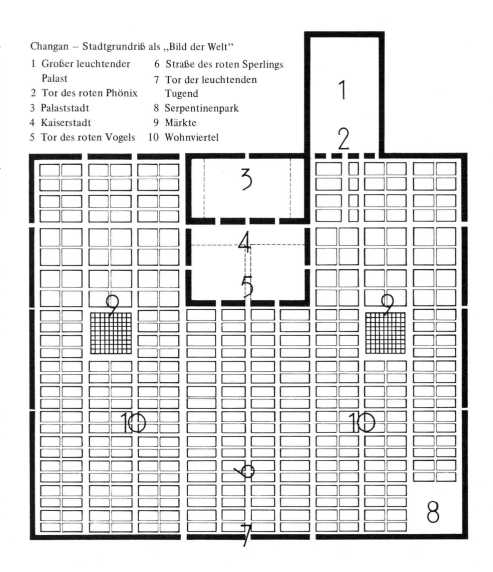

Changan – Stadtgrundriß als „Bild der Welt"
1 Großer leuchtender Palast
2 Tor des roten Phönix
3 Palaststadt
4 Kaiserstadt
5 Tor des roten Vogels
6 Straße des roten Sperlings
7 Tor der leuchtenden Tugend
8 Serpentinenpark
9 Märkte
10 Wohnviertel

Rom zur Zeit ihrer Hochblüte vergleichen läßt. Sie war in herrlicher Symmetrie angelegt – ein Modell des Götterreiches, ein Paradies auf Erden. In Übereinstimmung mit dem himmlischen Plan war die Stadt in der Form eines nach den Hauptrichtungen orientierten Rechtecks angelegt. Ihr Straßennetz teilte sie in kleinere Quadrate auf; die Hauptstraßen führten zu Zeremonialtoren, die in Übereinstimmung mit dem Symbolismus der Fünf Kräfte benannt waren. Die Tore wiesen auf die vier heiligen Berge hinaus; das Haupttor öffnete sich nach Süden, der durch Yang, Rot und Sommer symbolisierten heiligen Richtung – der speziellen Richtung des ‚Himmelssohnes' selbst... Die Stadt wurde von zahlreichen Kanälen durchzogen, die alle mit dem Fluß Wei verbunden waren, der sämtliche Güter des Reiches hier zusammentrug. Mit Ausnahme der beiden großen Marktplätze im Ost- und Westteil der Stadt, dem Palastgebiet im Norden und einigen kleineren Anlagen, die der Regierung oder religiösen Einrichtungen dienten, waren alle Flächen zwischen den Straßen und Wohngebieten ausgefüllt. Sie waren von niedrigen Mauern umgeben, deren Pforten am Abend verschlossen wurden, und jedes Wohngebiet hatte sein eigenes Gewirr von Gassen und Gäßchen, die sich zwischen den Häusern, den kleinen Läden und Handwerksbetrieben hindurchzogen.

Man schätzt, daß Changan in der ersten Hälfte des 8. Jahrhunderts, während der goldenen Jahre des Kaisers Li Lung-chi, ungefähr zwei Millionen Einwohner hatte – darunter eine große Zahl kaiserlicher Wachsoldaten, Mönche, Nonnen, aber auch viele Ausländer, Besucher wie Ortsansässige: Türken, Tibeter, Araber und Perser. Die Bevölkerungsdichte nahm nach Süden hin ab; dort gab es offene Felder, private Parks und Friedhöfe mit ihren Schreinen.

Es gab viele prachtvolle Gebäude, private wie öffentliche; zu ihnen gehörten die Wohnsitze der großen Adeligen, unwahrscheinlich weiträumig und überreich ausgestattet. Zu einem Zeitpunkt wurden vierundsechzig prächtige Buddhistenklöster und siebenundzwanzig buddhistische Nonnenklöster gezählt, dazu zehn Taoistenklöster für Mönche und sechs für Nonnen, vier zoroastrische Tempel (vor allem für Verbannte aus Persien), ein Manichäer-Tempel und eine Kirche der nestorianischen Christen.

Das Palastgebiet war eine Stadt für sich, ‚Großer Leuchtender Palast' genannt – ein Name, der an die alte ‚Leuchtende Halle' erinnerte. Er war auf einer majestätischen Anhöhe, der ‚Drachenkopfebene', erbaut und überragte alle Bauwerke der Stadt. Man näherte sich dem Palastkomplex auf einer mit blauem Stein gepflasterten Straße, die die Form eines Drachenschweifes hatte – (also offenbar nicht geradlinig, sondern ‚wellenförmig' gekurvt verlief, Anmerkung des Verfassers).

Innerhalb des Palastgebietes gab es vier große Hallen für formelle Audienzen, dazu eine Fülle kleinerer Gebäude, von Vergnügungspavillons bis zu den Bibliotheken und Archiven. In kunstvoll der Landschaft angepaßten Seen spiegelten sich Trauerweiden und vielfarbige Blumen. Es gab private Heiligtümer, Hütten und sogar ein Polofeld. Von der Palastmauer hatte man nach Süden einen großartigen Ausblick auf das Schachbrett der Stadtanlage, und erst weit jenseits der Stadt erhoben sich die blauen Hügel mit den Landhäusern der reichsten Adligen.

Für die meisten Chinesen des Mittelalters war eine Reise nach Changan eine religiöse Pilgerfahrt; der Aufstieg zum heiligen Palast auf dem Drachenhügel – wie ein Paradies auf dem Gipfel eines heiligen Berges – war eine Art Vorwegnahme der Reise der menschlichen Seele zum Berge der Götter..."[34]

„Im 9. Jahrhundert waren die Haushalte der Reichen in der Hauptstadt Changan mit Bädern, Heizung, mechanischen Fächern, künstlichen Springbrunnen und eisgekühlten Räumen ausgestattet. Die Villen mancher Aristokraten verfügten über ‚Pavillons mit selbsttätigem Regen', und im Palast eines der mittelalterlichen Kaiser gab es eine große Halle mit kompletter Klimaanlage. Ein bevorzugter Gast des Herrschers beschrieb einen wirbelnden Fächer, der hinter dem Kaiserlichen Thron Wasser versprühte und eine kühle Brise erzeugte. Der Gast wurde eingeladen, auf einer von innen gekühlten Steinbank zu sitzen; dazu nippte er an einem eisgekühlten Getränk.

Das typische Haus einer wohlsituierten T'ang-Familie war mit Möbeln und Einrichtungsgegenständen aus Holz, Metall, Lack, Glas und Keramik ausgestattet. Zu den hölzernen Gegenständen gehörten Löffel und Eßstäbchen aus feingemasertem Jujubeholz, Schreibpinsel aus Bambus und vielleicht eine Harfe aus dem Holz der Paulownia."[35]

In Übereinstimmung mit alten Vorstellungen von der Stadt als einem Sinnbild des Universums steht der Kaiserpalast in Peking heute noch als ein 1 Kilometer langes, 760 m breites Geviert mit weithin sichtbaren roten, hohen Umfassungsmauern über dem Meer gleichmäßiger, grau-schwarzer Dächer der ebenerdigen Wohnhäuser, daher öffnen sich heute noch die Häuser mit rotgestrichenen Holzfachwerkwänden nach Süden gegen ihre Höfe, daher sollten nach alten Regeln die Märkte auf der Nordseite der Stadt liegen (was in Peking, aber nicht in Changan der Fall war), weil dem Handel keine produktive Bedeutung beigemessen wurde und die Kaufleute daher im Gegensatz zu den Bauern gering geachtet waren.

Auch das alte chinesische Wort vom „weiß gekalkten Häuschen der Armut und dem zinnoberroten Tor des Überflusses" deutet auf die symbolische Bedeutung der Farbe; und tatsächlich sind in Peking große, anspruchsvolle Haustore rot, kleinere meist grün oder schwarz, und in Sutchou gibt es nur einige wenige rote Tore, eines davon im „West-Kloster".

Da Rot nicht nur Reichtum, sondern in erster Linie Wärme, Aktivität, Leben, bedeutet, werden auch heute noch zum Beispiel in Kanton am Totenfeiertag die Namenszüge und die kreisförmigen Mondsymbole auf den Grabsteinen der berühmten großen Friedhöfe nördlich der Stadt von den Angehörigen rot bemalt. Rote Tore, rote Mauern umschließen den kaiserlichen Garten am Nordrand der „Verbotenen Stadt" in Peking, der auch im übrigen mit seinen Tempeln, Toren, Torhütern, Räuchergefäßen und besonderen Räumen fast nur aus symbolischen Elementen besteht.

Im Gegensatz zu den rechteckigen Grundrissen der Häuser, Stadtviertel und Städte und den gelben Dächern des Kaiserpalastes ist der Himmelsaltar in Peking von kreisrunden Terrassen umgeben, ist der Himmelstempel von kreisrundem Grundriß über kreisrunden Terrassen und mit dunkelblauen Ziegeln gedeckt. Denn der Kreis bildet, im Gegensatz zum Rechteck, das die Erde verkörpert, das Sinnbild überirdischer Vollkommenheit, und wir werden ihn daher als „Mondtor" in den Gärten in immer neuen Formen finden; aber auch die Halbkugelform vieler Grabhügel und das Mondscheibensymbol auf alten Gräbern hängt damit offenbar zusammen.

Solche Symbolbedeutung der Form ist auch abendländischem Denken nicht fremd gewesen. Norberg Schulz berichtet diesbezüglich:

„In letzter Zeit hat man sich mit der Diskussion des Slogans ‚Form folgt Funktion' zufriedengegeben. Die Frage aber, wie eine Bauform einem besonderen Zweck entsprechen kann, läßt sich nicht durch eine solche Devise beantworten, die höchstens die Existenz einer generellen Beziehung zwischen den beiden Aspekten anzeigt. Mit einer gewissen Überraschung entdecken wir, daß Alberti eine klare Lösung für das semantische Problem vorschlug: Die ‚vollkommenen' Formen (der Kreis und die elementaren Polygone) sollten den Kirchenbauten vorbehalten bleiben, und öffentliche Bauten sollten unter strengster Befolgung der Albertischen Formprinzipien ausgeführt werden. Abweichungen von diesen Regeln wären jedoch bei Privathäusern zu empfehlen. So bemüht sich Alberti um die Darstellung einer Hierarchie von

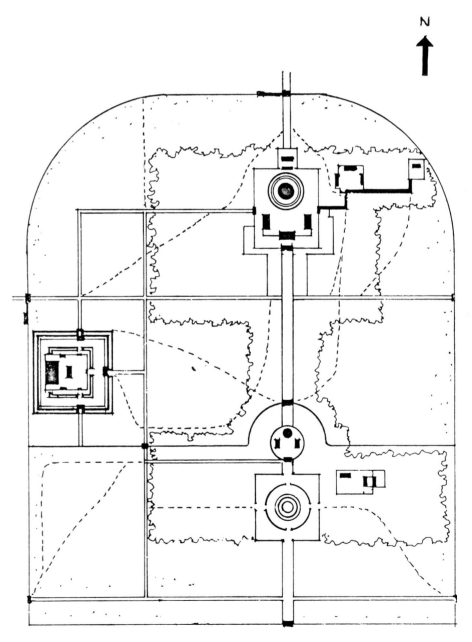

Im Gegensatz zum gesamten übrigen Stadtgrundriß herrschen im Bereich des „Himmelstempels" und „Himmelsaltars" nicht Quadrate oder Rechtecke, sondern der Kreis als Sinnbild überirdischer Vollkommenheit

Bauaufgaben durch eine Hierarchie von Formen. Er geht davon aus, daß geometrische Vollkommenheit die kosmische Harmonie spiegele, die das Kirchengebäude repräsentieren soll. Und seiner Forderung nach einer höheren Ordnung bei öffentlichen Gebäuden gegenüber den privaten dürfen wir entnehmen, daß Alberti die Gemeinschaft als Verallgemeinerung des Individuellen auffaßte. In der Baukunst soll sich die gesellschaftliche Struktur ausdrücken. Das architektonische Universum Albertis weist sich mithin durch Geschlossenheit und Wandelbarkeit aus. Seine Idee ist grandios und berückend, nicht zuletzt in einer Zeit wie der unseren, in der ähnliche Formen mit den unterschiedlichsten Bauaufgaben verknüpft werden, was ein visuelles Chaos zur Folge hat."[36]

Die suggestive Kraft der so signifikanten chinesischen Stadtbilder hat begreiflicherweise auch Japan beeinflußt, so daß das chinesische Stadtmodell in Nara und Kyoto seine Nachfolge gefunden hat.

Diese chinesische Stadt der „tertiären Wirtschaft" – sie hat der Verwaltung, der Kultur und dem Handel gedient wie in zunehmendem Maße auch die unsere – könnte als Gegenpol zur chaotischen Erscheinung unserer „modernen Großstadt", vor allem als Beispiel für die verschiedenen Ergebnisse verschiedenartiger Planungsmethoden von Interesse für uns sein: auf der einen Seite allgemeingültige Vorstellungen von symbolischer Bedeutung und einer außerordentlich hohen optischen Kultur, die den gebauten Lebensraum in allen seinen Teilen, aber immer als Ganzes, so bestimmen, daß im Einzelnen Freiheit bleibt, auf der anderen Seite bis in die letzten Einzelheiten gehende Reglementierungen mathematischer und juristischer Art durch zahllose städtische und staatliche Dienststellen, durch die die nur sehr teilweise koordinierte Arbeit unzähliger, verschieden ausgebildeter Fachleute in allen möglichen Einzelheiten fixiert wird, ohne daß leitende, die Details sinnvoll beeinflussende Grundprinzipien fühlbar oder überhaupt vorhanden wären; und die zunehmenden analytischen Versuche, durch Computerauswertung statistischer Ergebnisse immer neue, vermeintlich „objektive" Einzelhinweise zu gewinnen, erschweren in Wirklichkeit die Entstehung gemeinsamer Vorstellungen immer weiter: Die ins Uferlose wachsende Zahl der Planungstheorien, Planungsfachleute und Planungsdienststellen ändert nichts an dem fast steuerlosen Dahintreiben unserer Stadtentwicklung.

Was wäre naheliegender als der Wunsch, wieder zu einheitlichen Auffassungen, Zielen und Arbeitsmethoden zu kommen, wie sie auch unserer vorindustriellen Zeit geläufig waren, die Aufsplitterung in unabhängige Teilgebiete, die von immer unabhängigeren, selbstherrlicheren Spezialisten vertreten werden, durch eine lebendige Gesamtschau zu ersetzen, an die Stelle der Analyse die Synthese treten zu lassen, wozu ebenfalls die „synchronistische" chinesische Denkweise entscheidende Anregungen geben könnte.

BILDERLÄUTERUNGEN:

Seite 121:
Im Vorhof des Kaiserpalastes in Peking, der auf hohen zinnoberroten Mauern unter goldgelben Dächern auf weite Sicht die Stadt beherrscht.

Seite 122:
Friedhof in Kanton. Die runden Mondscheiben und die Löwenfiguren werden von den Angehörigen am Totenfeiertag mit roter Farbe – dem Symbol des Lebens – behandelt.

Seite 123:
Zinnoberrotes Tor des Kaiserlichen Gartens zwischen zinnoberroten Mauern.

Seite 124:
Die blaue Glasur der Dachziegel am „Himmelspalast" und seiner Umgebung hat ebenso Symbolbedeutung wie die gelben Ziegel auf den Dächern des Kaiserpalastes und die roten Mauern und Tore.

Seite 125:
Eingang zum Kaiserlichen Garten am Nordrand der Verbotenen Stadt.

Seite 126:
„Torhüter" im Kaiserlichen Garten.

Seite 127:
Bergtempel auf einem künstlichen Felsenberg im Kaiserlichen Garten.

Seite 128:
Alter Baum im Kaiserlichen Garten.

Seite 133:
Plan von Peking: Das unregelmäßige Netz schmaler Wohngassen kontrastiert zu dem streng geordneten Palastbereich.

Seite 134:
Die Bedeutung des Kreises als Sinnbild überirdischer Vollkommenheit bzw. die Vorstellung des Himmels als einer Halbkugel kommt in den weitverbreiteten halbkugelförmigen Gräbern zum Ausdruck. Grabhügel verschiedener Ausführung in Nanking.

Seite 135 rechts:
Zum kreisförmigen, von kreisförmigen Terrassen umgebenen „Himmelstempel" führen Treppen mit Wolkendarstellungen.

Seite 135 links:
Das häufig auftretende alte Motiv der Wolkenarabesken ist charakteristisch für die starke Naturbezogenheit der chinesischen Kultur bzw. für ein immer wieder von todbringender Dürre bedrohtes Agrarland.

Seite 136:
Alte Weltdarstellung mit rechtwinkeliger Teilung der Erde und Wolkenarabesken innerhalb einer kreisförmigen Umfassung.

Seite 137:
Drachen im Wolkenarabesken. Chinesische Stickerei um 1780; Österreichisches Museum für Völkerkunde.

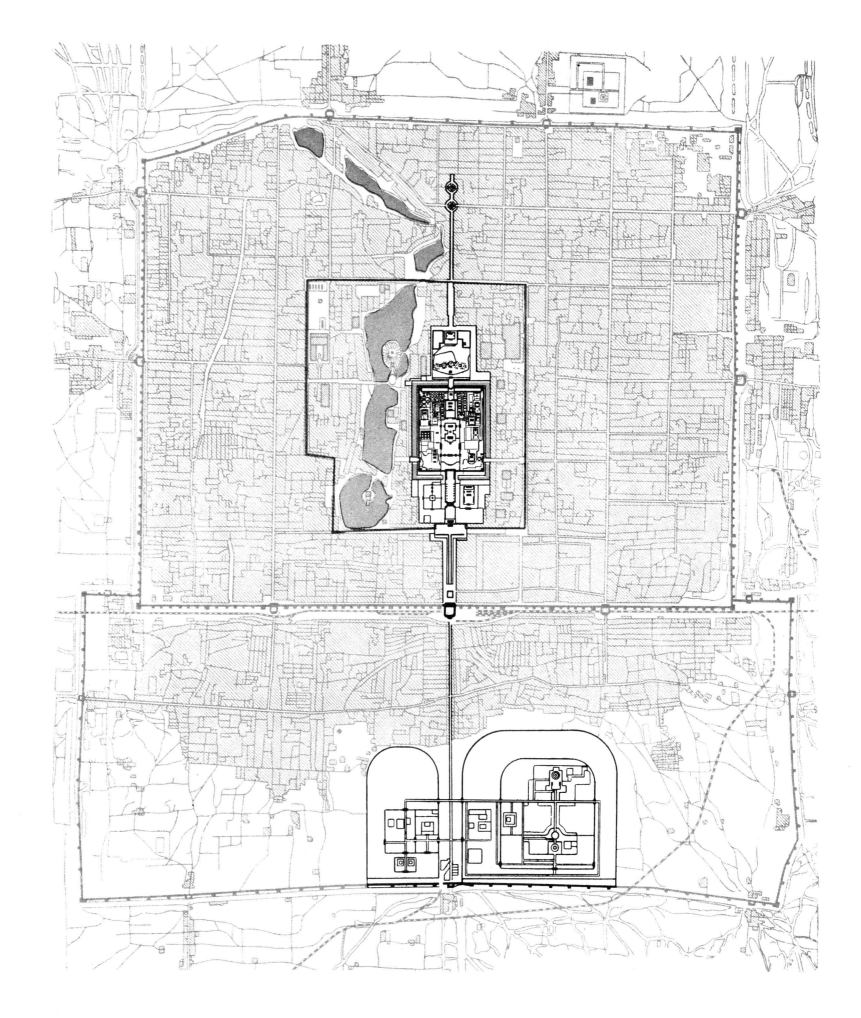

135

136

137

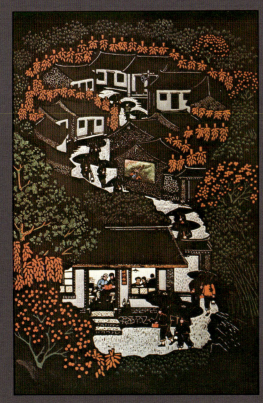

VI. NATURERLEBNIS

„Es gibt Landschaften, durch die man reisen kann, Landschaften, in denen man träumen möchte, die man durchstreifen, und Landschaften, in denen man wohnen möchte. Jedes Bild, das eines von diesen enthält, gehört der Kategorie der Vortrefflichen."
Kuo HSi, 1100 n. Chr.[37]

Die so konsequent geordnete Welt chinesischer Städte hat offenbar, je weiter sie sich ausgedehnt hat, doch jenes für chinesisches Empfinden so charakteristische Bedürfnis nach Naturerlebnis nicht befriedigen können, das ja auch die große Lyrik und Landschaftsmalerei Chinas von Anfang an geprägt hat:

Gleichgültig, ob diese tiefe Naturverbundenheit Chinas, wie sie auch im Taoismus zum Ausdruck kommt, die Folge seiner großartigen landschaftlichen Schönheit und des märchenhaften Reichtums an Vegetation ist – wie er sich ja sogar noch in jedem unserer Gartenkataloge spiegelt! – oder ob sie erst durch den Taoismus geweckt wurde – Tatsache bleibt jedenfalls, daß Landschaft in keiner anderen Hochkultur so früh eine beherrschende Rolle gespielt hat.

Schon im Buch der Oden, etwa 1000 v. Chr., tritt uns Natur als Grundmotiv menschlichen Erlebens entgegen.

Für ein vom Wetter unabhängiges Agrarland, dessen Bewohner insbesondere in den trockenen Ebenen des Nordens unter der ständigen Todesdrohung der Dürre lebten, waren dabei die regen- und damit lebenbringenden Wolken begreiflicherweise das erste und wichtigste Symbol, das von den Wolkenberg-Arabesken früher Bronzen bis zu den Wolkenreliefs auf den Rampen des Himmelstempels in Peking in verschiedenster Form immer wiederkehrt; deshalb ist der feuchtigkeits- und regenbringende Drachen das wichtigste Symboltier Chinas und des chinesischen Kaisers, zu dessen Hauptaufgaben es ja gehört hat, durch verschiedene Riten Regen zu beschwören. Auch die Popularität der fliegenden, Blumen streuenden Apsara mit ihren vom Wind bewegten Gewändern, die heute noch in volkstümlichen Scherenschnitten verbreitet wird, gehört hierher.

Berge und Wasser waren für China immer das Synonym für Landschaft und Landschaftsmalerei und bilden bis zuletzt die Grundlage aller Gartenkonzepte, die immer um das Hauptmotiv einer oder mehrerer, von Felsen umgebener Wasserflächen entwickelt sind.

A. de Silva[38] weist auf die kürzlich entdeckten Tonplatten der Han-Zeit mit ihren sehr lebendigen Darstellungen von

Jagdszenen inmitten von Landschaften aus Bergen, Bäumen, Wasser und Wolken hin, die häufig von Rehen bevölkert waren — den Sinnbildern ewigen Lebens, da sie fähig gewesen sein sollen, die Pflanze der Unsterblichkeit zu finden. Seit der Han-Zeit war offenbar die Furcht vor der Natur, die bekannte „Waldangst" anderer Völker in China überwunden und der Weg zu einem freien Naturerlebnis offen. So waren die Chinesen aufnahmefähig für die Eindrücke der großartigen Gebirgslandschaften im Südwesten des Landes, die sie auf der Flucht vor den Barbareneinfällen in der Zeit um Christi Geburt und etwa 300 Jahre später entdeckten, oder als persönliches Erlebnis in der Verbannung — Eindrücke, die der Malerei ebenso wie der Lyrik Chinas die nachhaltigsten Impulse geben sollten. K'ai Chi (344–404 n. Chr.) berichtet nach einem Besuch des Gebirges:

„Tausend Felsklippen überbieten einander an Schönheit, zehntausend Schluchten wetteifern im Rauschen der Wasser, die Gräser und Bäume, die sie beschirmen,
sind wie aufsteigende Wolken und dichte Nebel."[39]

Nach der Zerstörung Changans sind im ruhigen Süden des Landes inmitten unberührter Wälder und Gebirgslandschaften nicht nur Landsitze des Adels und der hohen Beamten, sondern auch eine rasch zunehmende Anzahl buddhistischer Klöster, aber auch die bescheidenen Einsiedeleien und strohgedeckten „Grashütten" der Dichter und Maler entstanden. Weit mehr als nur „Zuflucht", wurden sie offenbar rasch zu Orten der Vollendung der Persönlichkeit im Sinne des Taoismus und chinesischen Zen-Buddhismus, und darüber hinaus offenbar auch zu Zentren künstlerischer Arbeit.

Man hatte die Berge seit jeher als den Sitz der Unsterblichen angesehen. „Das Thema der Reise der erlösten Seele in ein Bergparadies ist so alt wie die chinesische Literatur selbst."[40]

Die für eine ganzheitliche Weltanschauung selbstverständliche Verbindung persönlicher, religiöser und künstlerischer Entwicklung dürfte zum Beispiel in der Gründung des „Westlichen und östlichen Waldklosters" bzw. der „Gesellschaft zum weißen Lotus" und den Grashütten seiner Laienmitglieder an einem besonders malerischen Fleck des Lushan-Gebirges im Tal des Yangtse zum Ausdruck gekommen sein, wie sie Tsung Ping (375–443 n. Chr.) schildert:

„Es gab da aufgetürmte Schichten von Felsen, auf denen die Föhren ganz dicht wuchsen; kleine Bächlein flossen zu beiden Seiten der Stufen herab, und weiße Wolken erfüllten seine Räume. Innerhalb des Kloster(bereich)s entwickelte Hiu Yuan einen besonderen Hain für die Meditation. Der Nebel hing in den Bäumen und tropfte auf die Pfade nieder, die mit

Moos bedeckt waren. Jeder Fleck, den das Auge sah und der vom Fuß betreten wurde, war voll von spiritueller Reinheit und Majestät... Landschaften haben eine materielle Existenz, reichen aber trotzdem hinein in eine spirituelle Domäne. Gipfel und Abgründe, jäh und hoch aufsteigend, die wolkenumwobenen Wälder, die groß und dicht daliegen, haben den Weisen und Tugendhaften, den Einsiedlern der Vergangenheit eine nicht endende Freude gebracht, eine Freude, die aus der Seele kommt, und nur aus der Seele. Ein Zugang zum Tao ist der durch innere Konzentration allein; ein anderer, fast gleichwertiger, ist der durch die Schönheit der Berge und des Wassers. Auf diese Weise können etwa die Schönheit des Berges Sung und des Berges Hua, ja das Mysterium des dunklen Geistes des Universums in einem einzigen Bilde gefaßt werden."[41]

Eine Beschreibung des Dichters Po-Chu-i (772–864 n. Chr.) gibt eine Vorstellung der typischen „Grashütte", die an den Stil der japanischen Teehäuser, vielleicht aber auch an gewisse moderne Vorstellungen ländlicher Refugien erinnert.

„Wie die meisten chinesischen Beamten machte Po-Chu-i Perioden politischer Gunst und Ungnade am Hofe mit. Während einer jener Perioden, während er in Ungnade gefallen war, wurde er auf einen entfernten Außenposten am Yang-tse geschickt. Sein Hauptquartier war in der Stadt Kiukiang, welches damals Chiang-chou genannt wurde, ungefähr zehn Meilen von dem Lushan Gebirge entfernt. Während seines Aufenthaltes in diesem Distrikt baute er sich für sich selbst in jenen Bergen eine Zuflucht, welche er das ‚Grashäuschen' nannte, denn es war mit Stroh gedeckt.

Es hatte zwei oder drei Zimmer und vier Fenster. Ein Torweg, der sich nach Norden öffnete, ließ den Wind gegen die Sommerhitze ein, während hohe Sparren im Süden den Sonnenschein gegen die Winterkälte einnahmen. Das Rahmenwerk aus Holz war behauen, aber nicht bemalt, die Wände mit Lehm bestrichen, aber nicht geweißt. Die Stufen waren aus Natursteinen, die Fenster versehen mit Gittern aus Bambus und bedeckt mit Papier. Die Behänge waren von grobem, lose gewebtem Wollstoff, alles stimmte miteinander harmonisch überein."[42]

Da solche Situationen zur Identifikation des Menschen mit der Natur, für das Ideal der Übereinstimmung mit dem Kosmos, also dem eigentlichen Ziel chinesischer Weltanschauung, wie geschaffen – oder dazu geschaffen – worden waren, haben sie auch die drei wesentlichen künstlerischen Ausdrucksmittel dieser und der folgenden Zeiten – Lyrik, Malerei und Gartenkunst – entscheidend beeinflußt, und es ent-

spricht nur einer ganzheitlichen Lebensauffassung, daß Maler, Dichter, Gelehrte und Gartenkünstler oft in einer Person vereint waren, und das als durchaus selbstverständlich empfunden wurde, während wir ähnlichen Universalismus bei Leonardo, Goethe, Stifter oder anderen nur als Ausnahmefälle gelten lassen und heute sogar in zunehmendem Maße nur ein von Tag zu Tag enger, isolierter und selbstherrlicher werdendes Spezialistentum als vertrauenswürdig gilt.

Was Landschaftsmalerei in China immer bedeutet hat, zeigen schon die im Laufe vieler Jahrhunderte entstandenen großartigen Malereien an den Wänden der über 500 Höhlen der Oasen-Stadt Tuan-hang, über die A. de Silva publiziert hat. Die Selbstverständlichkeit der Vereinigung von Landschaftsmalerei und Lyrik in einer Person kann nicht schöner verkörpert werden als durch Wang-wei (699–759 n. Chr.), der von sich sagt:

„Auf Grund meiner natürlichen Veranlagung male ich mit der gleichen Sicherheit, mit der der rufende Kranich seinen Weg durch die Nacht findet – meine Liebe zur Landschaft hat mich geführt."[43]

Oder:

„Sie (die alten Bilder) hatten ihren Ursprung in Formen, (die Formen) waren geschaffen, sich mit dem Geist zu vermischen und den Herz-Verstand zu erregen. Wenn der Geist sie nicht wahrnimmt, üben sie keinen Einfluß aus; die Augen können nur die Begrenzungen sehen, aber nicht das ganze Ding ..."[44]

„An Herbstwolken zu arbeiten, läßt die Seele aufsteigen wie einen Vogel, den Wind des Frühlings zu fühlen, läßt die Gedanken in die weite Ferne wandern ... sich um fremde Berge und Seen bemühen, um grüne Wälder und den segelnden Wind, um das schäumende Wasser und die rauschenden Kaskaden – wie wundervoll!"[45]

In der Tang- und später in der Sung-Zeit hat diese Einheit von Malerei und Dichtung ihre weltberühmten Höhepunkte erreicht.

Wie sehr charakteristisch für chinesisches Empfinden dieses Landschaftsempfinden war und noch ist, erkennt jeder, der auch heute junge Chinesen am Rande eines Gewässers oder im Wald sitzen sieht – schweigend versunken in den Anblick der Natur, mit der sie sich offenbar wie seit jeher eins fühlen.

BILDERLÄUTERUNGEN:

Seite 138–140:
Darstellungen einer chinesischen Stadt in einer Kopie einer Langrolle aus der Sung-Zeit zeigen die völlige Durchdringung der Stadt durch natürliche und landschaftliche Elemente, Gewässer, Felsen, Bäume, Tiergärten usw.: Die Stadt als Garten.

Seite 141:
Moderne chinesische Bauernmalerei; rechts: Frühling im Tjinling-Gebirge; links: Politische Abendschule.

Seite 142:
Junge Chinesen in den Anblick der Frühlingslandschaft versunken. Nanking 1973.

Seite 144:
Apsara – der Blumen und Früchte bringende oder Laute spielende Engel, eine Parallelerscheinung zur indischen Dewa.

Seite 145:
Alte Darstellung des chinesischen Drachens.

Seite 146:
Orchis und Bambus. Steinabreibung.

Seite 147:
Felsen im Wasser, das alte, in unzähligen Variationen verarbeitete Motiv der „Inseln der Seligen im Östlichen Meer".

Seite 149:
Betrachtung von Bäumen und Felsen aus einer „Grashütte" in einem nach Norden von einer Mauer geschützten Garten. Ming-Zeit.

Seite 150, 151:
„Landschaften haben eine materielle Existenz, reichen aber trotzdem hinein in eine spirituelle Domäne. Gipfel und Abgründe, jäh und hoch aufsteigend, die wolkenumwobenen Wälder, die groß und dicht daliegen, haben den Weisen und Tugendhaften, den Einsiedlern der Vergangenheit eine nicht endende Freude gebracht, eine Freude, die aus der Seele kommt, und nur aus der Seele. Ein Zugang zum Tao ist der durch innere Konzentration allein; ein anderer, fast gleichwertiger, ist der durch die Schönheit der Berge und des Wassers." Chinesische Tuschzeichnungen.

Seite 152:
Pavillon im Gebirge. Ming-Zeit.

Seite 154:
Auch in den grafischen Darstellungen kommt immer wieder die Einheit von Steinen, Pflanzen, Vögeln, Insekten als Sinnbild der Welt als eines geschlossenen ökologischen Systems zum Ausdruck. Chinesisches Blumenstück.

Seite 164:
Gartenfest bei Li Tai Po. Vor dem Hintergrund geometrisch streng geformter einfacher Mauerflächen kommt die Lebendigkeit bizarrer Bäume kontrastreich zur Wirkung.

Seite 165:
Blick vom „Pavillon für Mondschein und Regen" auf den See mit der großen Brücke vor dem Sommerpalast.

Seite 166:
Blick auf eine Gruppe von Pavillons, die um einen See gruppiert sind, ähnlich wie in den Gärten von Sutchou.

Seite 167:
Blick auf den See vor dem Sommerpalast, im Vordergrund Giebel mit Tierfiguren, die den Gebäuden Schutz verleihen.

Seite 167 oben:
Freitreppe hinter dem Sommerpalast.

Seite 168:
In den Höfen des Sommerpalastes.

VII. GÄRTEN

„Indem wir Blumen pflanzen, laden wir die Schmetterlinge ein, indem wir Föhren pflanzen, den Wind, wenn wir Bananen pflanzen, den Regen, und wenn wir Weiden pflanzen, laden wir die Zikaden ein."[46]

Im Gegensatz dazu glauben wir vielfach noch, zum Schutz der Pflanzen alle Insekten und andere „Schädlinge" durch Pestizide möglichst gründlich ausrotten zu müssen und dazu auch noch das „Unkraut" durch Herbizide und dergleichen, während andererseits unsere Biologen und Ökologen zu entdecken beginnen, wie sehr die Erhaltung des ungestörten, ausgewogenen, natürlichen Gleichgewichtes, das Zusammenwirken aller Lebewesen von den Bodenbakterien bis zu den Pflanzen und Tieren die beste Gewähr für die gesunde Entwicklung jedes einzelnen Gliedes des ökologischen Systems bilden würde.

Mit Recht hat man China „Mutter der Gärten" genannt. In keiner anderen Kultur dürften sie eine zentralere und dauerndere Rolle gespielt haben. Der Einfluß keiner anderen Gartenkultur dürfte weiter gereicht und länger gedauert haben.

Das Zeichen für Garten – Yuan –, vier Bäume in einer rechteckigen Umrahmung, soll auf Steintrommeln aus der Zeit um 1500 v. Chr. gefunden worden und vielleicht das Sinnbild früher eingezäunter Jagdparks gewesen sein.

In einem Land mit der denkbar reichsten, durch ihre Blütenfülle berühmten Vegetation hatten Gärten weniger die Aufgabe, die einheimische Vegetation zu bereichern, wie das zum Beispiel in Mitteleuropa mit seiner wesentlich weniger artenreichen Flora der Fall war und ist; vielmehr hatten die chinesischen Parks von Anfang an offenbar vorwiegend symbolischen, irrationalen Charakter.

Daß die große, zentrale Wasserfläche zwischen Felsufern bis ins späte vorige Jahrhundert das Grundmotiv chinesischer Gärten geblieben ist, dürfte mit ihrer Bedeutung als Abbild – oder besser Sinnbild – der Welt zusammenhängen; auch der Typus der streng rechteckig begrenzten persischen Gärten mit ihren beiden sich kreuzenden Wasserkanälen (Chaba-Bagh), die die Gartenfläche immer in vier gleiche Teile gliedern, dürfte ja – auf andere Art – ein Welt-Symbol darstellen.

In den Berichten über den ersten großen chinesischen Palast – den „O fang-Palast" am Wei-Fluß bei Changan, wird nur erwähnt, daß er gegenüber einem Wildgehege errichtet worden sei, offenbar in einer an Fauna und Flora noch sehr

Schriftzeichen für Garten: vier Bäume von einer Einfriedung umgeben

reichen natürlichen Landschaft, die des Schutzes oder der Steigerung durch Gartenkunst nicht bedurfte. Dazu bemerkt Schafer allerdings:

„Die frühesten chinesischen Gärten, von denen wir wissen, gehören den Gelehrten und adeligen Herren der Chou-Zeit. Offenbar gab es in ihnen alle möglichen Arten von Vögeln und Tieren. Sie waren zugleich Jagdpark, zoologische Gärten, Erholungsstätten und magische Symbole. Daß ein König auf so begrenztem Raum Tiere jagen konnte, die aus allen Gegenden seines Reiches stammten, deutet an, daß ihm Gewalt über alle Geschöpfe der Welt gegeben war. Eine Ode an ‚Wen wang‘, den Begründer der Chung-Dynastie, beschreibt eine solche Szene:

„Der König ist im heiligen Park,
in dem Reh und Hirsch sich begegnen;
Reh und Hirsch sind glatt und rein,
weiße Vögel leuchten und schimmern.
Der König ist am heiligen Teich,
an seinem Ufer springen die Fische.

Der große Garten der Han-Zeit war der Jagdpark des Kaisers Liu-che vor den Toren der Hauptstadt Changan... In den Gedichten des Chang Heng und anderer Autoren der Han-Zeit wird er als großartiges Abbild seines Reiches beschrieben. Der Park war in der Tat ein Museum – er enthielt Exemplare jedes Tieres, jeder Pflanze und jedes Steines in der chinesischen Welt. Er war das Reich des Kaisers en miniature und symbolisierte den weiten Bereich, der ihm Gehorsam schuldete. Die großen Flüsse des Reiches, von Fischen belebt, waren in ihm nachgebildet. Proben aller nützlichen Materialien Chinas standen zur Schau, und selbst die heiligen Berge waren in Fels und Erde nachgestaltet worden."[47]

Aber schon um 300 v. Chr. berichtet Mencius:

„Die Bäume des Neuen Berges waren einst wunderschön. Da sie jedoch an der Grenze eines großen Staates gelegen waren, wurden sie niedergehauen mit Äxten..., konnten sie da ihre Schönheit behalten? Noch immer waren sie nicht ohne aufsprießende Knospen und Sprößlinge; aber dann kam das Rindvieh und die Ziegen und weideten sie ab. Diesen Dingen ist es zuzuschreiben, daß diese Gegend so kahl und leer aussieht und von der die Leute glauben, wenn sie sie sehen, daß sie niemals richtig bewaldet gewesen sei."[48]

Und ähnlich wird die Entstehung großer Städte den Wunsch nach Gärten als Erinnerung oder Sinnbild geschützter und ungestörter Natur in ihrem Bereich ausgelöst haben.

Um 200 v. Chr. wurde für den Kaiser Kao-tsu ein großer Palast mit Wohngebäuden zwischen Gärten errichtet, die dann der berühmte Han-Kaiser Wu (140–89 v. Chr.) erweitert und seinen großen, bedeutsamen Parkanlagen irrationaler Konzeption eingegliedert hat: während der rückwärtige Teil des Weyang-Palastes ein privater Wohnbereich für die Kaiserfamilie war, ähnlich wie in Peking, umfaßte der übrige neue Park 12 Seen, 5 Hügel und 43 Gebäude; innerhalb des eigentlichen Wohnbezirkes gab es nur einen See mit einem Hügel, die im Gegensatz zu den anderen formal gestaltet gewesen sein dürften. Im Konzept der Seen und Hügel kommt offenbar die in der vorchristlichen Zeit besonders in den chinesischen Küstengebieten verbreitete Vorstellung von den Inseln der Seligen mitten im Meer zum Ausdruck.

„Die Erzählung von den mystischen Inseln berichtet, daß es irgendwo jenseits der Küste von Shantung einmal fünf große gebirgige Inseln... gegeben habe, deren Gipfel sich tausend Fuß hoch auftürmten, während ihre Seiten steil und jäh abfielen. Dichter Wald wuchs auf den hohen Plateaus, während reiches Grün sich durch die nebligen, geheimnisvollen Täler zog. Alle Vögel und Tiere, die auf den Inseln lebten, waren von reinstem Weiß, während die Bäume Perlen und Edelsteine trugen. Alle Blumen waren wohlriechend, und die Früchte brachten Unsterblichkeit denen, die sie aßen. Entlang den Küsten dieser Inseln waren auf hochgelegenen Terrassen viele Hallen aus Gold, Silber und Jade errichtet, in denen die Glücklichen lebten, die nicht sterben mußten. Diese Unsterblichen – ‚Hsien‘ – waren nicht Götter, sondern Menschen, Männer und Frauen, die auf magische Weise einen Zustand ewiger Jugend ohne Krankheit, Alter und Tod erreicht hatten. Sie besaßen auch andere übermenschliche Kräfte, zum Beispiel die Fähigkeit zu fliegen oder auf riesigen Kranichen zu reiten. Die Unsterblichen lebten, wo immer sie wünschten, aber Tausende von ihnen wollten ihre Zeit am liebsten auf den Inseln verbringen in glücklicher Gemeinschaft miteinander."[49]

Nachdem die von seinem Vorgänger Kaiser Chin ausgesandten Expeditionen diese Inseln nicht erreicht hatten, hoffte Kaiser Wu, die Unsterblichen würden den von ihm angelegten großen See Tai-I besuchen, in dem mehrere Felseninseln angelegt waren, die wie phantastische Tiere aussahen – Assoziationen, die übrigens auch heute in China noch beliebt sind – und ein malerisches, palastartiges Gebäude als Wohnsitz der Unsterblichen in der Mitte besaßen.

„Vorne erstreckt sich der See T'an-chung; hinten der See Tai-I. Man kann ihre Wellen sehen, die so hoch sind wie diejenigen des endlosen Ozeans, die da brechen an den Felsen der Feenküste, die halb versunken ist im Wasser. Mit einem großen Getöse stürzen sie sich gegen die Zauberfelsen, die die Inseln Ying-chou und Fang-hu bedecken, während P'eng-lai sich zwischen ihnen erhebt. Dann wachsen und gedeihen magische Gräser im Winter, übernatürliche Bäume sprießen auf in Gruppen. Die Felsen sind steil abfallend, die Klippen turmhoch, Erze und Felsen bilden hohe vorspringende Gipfel. Dort stellte der Kaiser Wu zwei Statuen von Unsterblichen auf, die Schalen halten, um den Tau zu sammeln. Diese Statuen setzte er auf zwei Säulen aus Bronze, die hoch über die Unreinheit der staubigen Welt hinausragten."[50]

So beschreibt der Historiker Pan ku (32–93 n. Chr.) die Felseninseln im Meer, denen tatsächlich etwas wie Unsterblichkeit beschieden gewesen zu sein scheint: Sie sind nicht nur von Künstlern und Kunsthandwerkern bis auf den heutigen Tag, auch in Japan, immer wieder nachgebildet worden, bilden nicht nur ein Vorbild offenbar auch für japanische Sandgärten mit ihren Felsen, sondern auch das Grundkonzept aller späteren chinesischen Gartenanlagen, die immer aus felsigen Ufern rings um eine große zentrale Wasserfläche bestehen, die das Sinnbild des Meeres bildet, so wie die Felsen das Sinnbild der Gebirge und die damit die chinesische Weltvorstellung von den beiden Grundelementen Wasser und Felsen verkörperten.

„Von allen Paradiesen, von denen der Mensch je geträumt hat, scheint keines eine länger dauernde Anziehungskraft ausgeübt zu haben als die mystischen Inseln der Unsterblichkeit im Östlichen Ozean. Lange nachdem aller Glaube an sie verschwunden war, verwendeten Künstler und Handwerker weiterhin dieses Thema, offenbar aus großer Freude an einem angemessenen Gegenstand."[51]

Daß es sich bei diesen Parks um Symbole gehandelt hat, deren Besitz nur dem Kaiser vorbehalten war, wird vielleicht durch die Geschichte eines reichen Bürgers und Zeitgenossen des Kaisers Wu bestätigt, der sich ein großes Gut zu einem Garten mit Wasserläufen, Kaskaden und Inseln umbauen ließ, in dem er weiße Papageien und andere kostbare Vögel und seltene Tiere zog, aber wenig später hingerichtet wurde, worauf seine Vögel, Tiere, Pflanzen und Bäume alle in den Park des Kaisers gebracht wurden.

Übrigens ist es dem französischen Finanzminister Nicolas Fouchet ja nicht viel besser ergangen, als er 1661 sein Schloß Vaux-le-Vicomte von Le Notre und anderen berühmten Künstlern nach Verlegung von drei Dörfern und einem Flußlauf so großartig gestalten ließ, daß das den Neid Ludwigs XIV. erregte, der ihn daher durch Colbert ersetzen ließ

Die „Inseln der Seligen im Östlichen Meer" gehören zu den ursprünglichsten Vorstellungen und weitverbreitetsten Motiven chinesischer Malerei

und die in Vaux-le-Vicomte beschäftigten Künstler für den Bau des Schlosses Versailles einsetzte.

700 Jahre später ist der chinesische Typus des mit Pflanzen und Tieren aller Art besetzten kaiserlichen Parks mit seinen Seen und Felseninseln, Sinnbild der Landschaft, des chinesischen Reiches und der Unsterblichkeit, im „Westlichen Park" bei Loyang auferstanden, der für den Kaiser Sui Yang Ti um 600 angelegt wurde.

„Um seinen Westlichen Park zu schaffen, wurde der Boden in einem Umkreis von 200 Li (etwa 75 Meilen) umgestaltet, wozu etwa eine Million Arbeiter nötig war. Innerhalb des Parks wurden 16 Wohnhöfe erbaut. Erde und Felsen wurden herbeigebracht, um Hügel zu schaffen, und die Gruben für die 5 Seen und 4 Meere wurden ausgegraben... Von den vier großen Seen oder Meeren war der nördliche der ausgedehnteste, etwa 13 Meilen im Umkreis. Darin befanden sich drei Inselgipfel, drei mystische Eilande des alten chinesischen Glaubens darstellend, auf diesen Inseln wurden bunte Pavillons, Türme, Terrassen und Kolonnaden errichtet. Kanäle wurden ausgegraben, die die Seen miteinander verbanden. Sobald sie fertiggestellt waren, konnt man mit Vergnügungsbarken durch den ganzen Park fahren. Der Bug dieser Boote war als Drachenkopf oder mythischer Phönix gestaltet, während das Heck an den Schwanz dieser Tiere erinnerte.

Das Unternehmen wurde in diktatorischer Weise durchgeführt. Abgesehen von den großen Aushebungen zur Zwangsarbeit wurde eine Proklamation erlassen, daß alle jene, die in der Umgebung der Hauptstadt Pflanzen, Bäume, Vögel und Tiere besitzen, diese in den Park liefern sollen. So wurden dann von überall her ungezählte Mengen von Blumen, Kräutern, Pflanzen, Bäumen, Vögeln, Fischen und Kröten eingesammelt, und nicht einmal diese waren ausreichend. Ausgewachsene Waldbäume wurden auf speziell dafür konstruierten Karren herbeigeschleift und im Park wieder eingepflanzt. Als der Park seiner Vollendung entgegenging, gab es durch das sich biegende und windende Ufer und die große Ausdehnung der Wasserfläche tausend Ansichten und eine mannigfaltige Schönheit, unerreicht in der Welt der Menschen. Einige Jahre später, um 610, berichtet der Chronist: ‚Des Gartens Grün, seine Bäume, Vögel und Tiere haben sich vermehrt zu üppiger Fülle; Wege von Pfirsichbäumen und Seitenwege von Pflaumenbäumen treffen sich unter eisvogel-grünen Schatten. Goldene Gibbons und junges Wild eilen vorüber...' Eine Straße wurde angelegt vom kaiserlichen Palast in der Hauptstadt zu diesem Westlichen Park, abgesteckt durch große Föhren und stattliche Weiden. Der Kaiser würde den Park oft besuchen, der Eingebung des Augenblicks folgend sich ergehen, Wohnung nehmen und in der gleichen Nacht zurückkehren."[52]

Für uns zunächst überraschend und gleichzeitig sehr wesentlich erscheint die über die Notwendigkeit eines Jagdreviers offenkundig weit hinausgehende vollständige Versorgung des neuen Parks mit allen Arten von Pflanzen und Tieren, die in der Nachbarschaft lebten, so daß in dem neuen Gelände von vornherein ein vollständiges ökologisches System gesichert wurde – ganz im Sinne der „Welt als Einheit aller Geschöpfe" – und gleichzeitig als Voraussetzung für die am Ende des Berichtes bezeichnenderweise geschilderte gesunde Weiterentwicklung. Das bedeutet die Verwirklichung unserer neuesten Erkenntnisse über biologische und ökologische Zusammenhänge und Gesetze vor 1300 Jahren oder früher.

Angesichts der symbolischen Bedeutung und spirituellen und natürlichen Lebensfähigkeit dieses Konzeptes erscheint seine fast unbegrenzte Lebendigkeit und Ausstrahlungskraft begreiflich. Der Park von Loyang war offenkundig das Vorbild sowohl für alle späteren großen chinesischen Parks als auch – durch die Berichte von Attiret und Chambers – in gewisser Hinsicht für den europäischen Landschaftspark. Heute haben wir die Verkörperung dieses Parktypus noch im Sommerpalast bei Peking und in alten Pekinger Palastgärten vor uns.

Aber schon viel früher, gegen Ende der Han-Zeit, wird auch von einem zweiten, andersartigen Gartentypus berichtet: dem Landgut vermögender Beamter oder Adeliger.

Einer von ihnen berichtet im Jahre 290 v. Chr.:

„Ich liebte die Wälder und Naturschönheiten, so flüchtete ich in meine Villa im Goldenen Tal in Ho-yang. Der Platz liegt unterhalb einer langen Böschung und neben einem klaren Bach. In der Nähe sind Wälder von tausend Stämmen. Das Wasser umgibt mein Wohnhaus, und es gibt Pavillons, Hallen und Teiche mit Vögel und Fischen. Wenn ich ausgehe, schieße ich Vögel und fange Fische. Wenn ich heimkomme, habe ich das Vergnügen des Lesens und Lautenspielens. In meinem Haus sind Leute, die die Chin shih (Chinesische Harfe) spielen können."[53]

Viel später, um 400 n. Chr., schrieb der als besonderer Verehrer der Chrysanthemen und Archetypus des chinesischen Naturliebhabers berühmte Dichter T'ao Ch'ien über sein Landgut im Süden Chinas:

„Ich kultivierte braches Land im Süden und hingegeben der einfachen Lebensweise kehrte ich zurück zu meinen Feldern und Gärten.

Ich habe bei zehn Mou Land,
und ein strohgedecktes Haus mit acht oder neun Räumen.
Birken und Weiden beschatten die Dachtraufen der Rückseite, Pfirsich und Pflaume breiten ihre Äste über den vorderen Hof.
Dörfer liegen in der Ferne,
Rauch steigt wie Nebel von fernliegenden Feldern,
Hunde bellen auf verborgenen Wegen,
und Haushähne krähen von den Wipfeln der Maulbeerbäume.
In meinem Haus gibt es kein weltliches Getöse,
Hier ist Raum und ich habe Ruhe.
Lange Zeit war ich in einem Käfig,
Aber jetzt bin ich zurück in der Natur."[54]

„Ich erbaute meine Hütte in der Zone menschlicher Siedlung,
Doch in meiner Nähe gibt es kein Geräusch von Pferd oder Wagen. Weißt du, wie das möglich ist?
Ein Herz, das fern ist, schafft Wildnis um sich.
Ich pflücke Chrysanthemen unter der östlichen Hecke,
Dann schaue ich lange nach den entfernten südlichen Bergen."[55]

Inzwischen waren im Gefolge der zweiten Einnahme Changans durch die Barbaren 316 n. Chr. die Klöster und Hütten der in das südliche Gebirge geflüchteten Mönche, Gelehrten und Dichter entstanden und in ihrer unmittelbaren Nähe eine andere Art von Garten – nur ein wenig wohnlich gemachte Natur rings um die „Grashütten"; und hier dürften wesentliche Charakterzüge des späteren chinesischen und japanischen Gartens entstanden sein.

„Unmittelbar gegenüber dem Gebäude nach Süden, berichtet Po-Chu-i über die Umgebung seiner Grashütte, war eine eingeebnete Fläche, etwa hundert Quadratfuß groß und vermutlich durch eine Mauer eingeschlossen. Quer über den oberen Teil derselben war eine flache Terrasse gelegt. Jenseits der Terrasse und etwas weniger als halb so groß liegt ein viereckiger Teich, welcher von Bergbambus und wilden Kräutern umgeben war. In dem Teich pflanzte Po-Chu-i die Knollen des weißen Lotus und bevölkerte ihn mit weißen Fischen. Südlich des ebenen Hofes kam man zu einem felsigen Bach, der verengt wurde durch die Ausläufer uralter Föhren und Fichten. Sie waren fast achtzehn Spannen im Umfang und viele Fuß hoch, ihre großen Wipfel berührten die Wolken, ihre Zweige hingen tief über dem Wasser wie niedrig hängende Wimpel, wie ein Regenschirm, wie Drachenschlangen. Unter diesen Koniferen baumelten wilde Reben und Schling-

pflanzen in einem dichten Gewirr, durch deren verwobene Schatten weder das Licht der Sonne noch des Mondes dringen konnte und unter denen die Winde des Sommers mit voller Kraft so kühlend bliesen wie im Herbst. Der Pfad, der durch dieses Unterholz ging, war bestreut mit weißen Kieselsteinen.

Fünf Schritte nach Norden (das heißt hinter der Hütte) endete die Lichtung auf einer Felsenklippe, in die Stufen geschlagen worden waren, so daß man hinaufsteigen konnte. Dieser Abhang war mit einem Gemisch von Felstrümmern und Wildpflanzen bedeckt. Ein grüner Schatten bedeckt sie und hüllt sie ein, betont durch rote Tropfen einer Frucht, deren Namen ich nicht kenne..., dann gibt es hier den ‚Fliegenden Frühling', der zwischen den Teebüschen gepflanzt ist. Ein Liebhaber dieser Dinge braucht hier bloß ein Feuer anzuzünden und Wasser zu kochen, um einen ganzen Tag hier zu verbringen."[56]

Um das besondere Verhältnis dieser Gartenkunst der Natur gegenüber zu verstehen, muß man Po-Chu-i über seine Gartenleidenschaft hören:

„Von der Jugend bis zum Alter schienen das geweißte Häuschen der Armut und die zinnoberroten Tore des Überflusses beide nur einen Tag zu dauern. Aber eine Terrasse zu bauen mit Lehm, den man aus einem Korb schüttet; einen Berg aufzuhäufen, mit Felsen, die man auf einer Tragstange herbeischleppt, einen Teich zu machen, mit Wasser, das man mit einer Schöpfkelle holt – die Freude an solchem Gartenbau hat mich immer erfüllt, wie eine Art Besessenheit."[57]

Offenbar ist es kein Zufall, daß Po-Chu-i Gouverneur von Hang-chu und von Sutchou war, der weltberühmten Stadt der Gärten, von denen so viele bis heute von verfeinerter und fantasievoller Gartenkunst zeugen.

Schon im 5. Jahrhundert scheint ein intensives Naturgefühl, ja eine Schwärmerei für Einsamkeit im Gebirge, für Wälder, Felsen und Wasserfälle zum Allgemeingut, ja zum Ehrgeiz der Gebildeten geworden zu sein, wie ja auch die von Kuck berichtete Episode zeigt, wonach ein Beamter auf die Frage, wie er sich selbst mit dem Premierminister vergleiche, geantwortet haben soll: „In politischen Angelegenheiten bin ich nicht besser, aber ich darf vielleicht sagen, daß ich ihn in der Hochschätzung der Schönheiten der Natur übertreffe."[58]

Diese Phase der Naturschwärmerei hat offenkundig den Stil der Gärten beeinflußt und verändert.

„Die Dinge der Natur waren für sie nicht mehr nur Symbole kosmischer Kräfte, sondern lebendige und sogar liebenswerte Geschöpfe. Diese Tendenzen fanden gegen Ende der T'ang-

Zeit ihren Höhepunkt in der Gestaltung wild-romantischer Gärten. Den größten Einfluß auf die Entwicklung dieses Geschmacks hatte der Magnat Li Te-yü im 9. Jahrhundert, ein Mann von einmaligem Temperament, der alle verfügbare Zeit entweder der Dichtung oder seinen Gärten widmete.

Sein Stadtgarten in Changan war berühmt wegen seiner seltsam geformten Steine und verwachsenen Fichten, die bei Gärtnern und Malern Mode wurden. Sein größter Stolz war jedoch ein Garten in den Bergen nahe der östlichen Hauptstadt Loyang; ein zeitgenössischer Autor beschrieb ihn als das wahre Paradies, als angemessene Residenz für göttergleiche Wesen. Seine Grenzen von etwa fünf Kilometer Länge umschlossen ein Gebiet, in dem es Pflanzen aus allen Teilen des Reiches gab – darunter neue und exotische Arten wie Magnolien, Kamelien, rotbeerige Nandin und die seltenen goldenen Lärchen.

Li Te-yü hielt dort auch viele Vögel und eine Sammlung seltener Steine; besonders stolz war er auf eine Nachbildung der Schluchten des Yangtse. Er rechtfertigte sein Interesse an seinen Gärten mit dem Argument, sie seien für einen Dichter notwendig, der bei der Darstellung der Natur genau sein müsse.

Eine Neuerung, die in erster Linie auf Li Te-yü zurückgeht, war die Darstellung des Weltenberges – der bisher als grundlegendes Element aller Gärten aus einem Hügel aus Erde und Geröll bestand – durch einen einzigen großen Stein. Er liebte Felsen von phantastischer und grotesker Form, besonders vom Wasser ausgewaschenen, durchlöcherten Kalkstein. Seinem Einfluß ist es zu danken, daß ein massiver, unregelmäßiger Fels, der ein taoistisches Bergparadies repräsentierte, zur Hauptattraktion vieler Gärten des 9. Jahrhunderts wurde."[59]

Im Jahre 1026 berichtet dann der Staatsmann Shi-ma-kuang über seinen Garten:

„Ich habe mir eine Eremitage geschaffen, um mich darin meiner Muße zu überlassen und mit meinen Freunden zu plaudern. Zwanzig Morgen haben mir für meine Bedürfnisse genügt. In der Mitte steht ein Pavillon mit einer Bibliothek von etwa fünftausend Bänden, um die Weisheit der Alten zu befragen und mit dem Altertum meine Zwiesprache zu halten. In dieser Anlage gab es auch Wasserläufe, Kaskaden und Seen, auf denen Schwäne lebten, sowie einen großen überhängenden Felsen mit einem Pavillon darauf, wo Shi-ma-kuang sitzen und die Röte des Sonnenaufganges genießen konnte. In einem der Wasserläufe befand sich eine Insel, deren Ufer mit Sand, Muscheln und vielfarbigen Kieseln bedeckt waren. Auch gab es immergrüne Bäume und eine Hütte aus Binsen, die einer ärmlichen Fischerhütte ähnelte. Zahlreiche weitere Pavillons waren über den Garten verstreut; einige lagen auf Hügeln, andere in kleinen Tälern. Auch gab es dort einen von sandigen Pfaden durchzogenen Bambuswald, in den die Sonne nie eindrang, ferner einen Zedernwald, einen Hain von Granatäpfeln, Zitronen und Orangen, einen von Trauerweiden begleiteten Weg, eine Felsengruppe, die mit Efeu und wilden Blumen bedeckt war, eine tiefe Grotte, in die das Licht durch eine von wildem Wein und Geißblatt umrahmte Öffnung fiel. Ein See enthielt kleine schilfige, von Vögeln bevorzugte Inseln, weil auf ihnen besonders für die Vögel eingerichtete Häuser standen, die der Besucher des Gartens sowohl auf Holzbrücken als auch auf Trittsteinen erreichte. Wenn die Seerosen am Ufer des Teiches in voller Blüte stehen, erscheint er mit Purpur und Scharlach bekränzt wie der Horizont des südlichen Meeres, wenn die Sonne aufgeht."[60]

So war Gartenkunst im Laufe des ersten Jahrtausends unserer Zeitrechnung gemeinsam – und oft in persönlicher Verbindung – mit Malerei und Dichtung zu einem der charakteristischsten Ausdrucksmittel chinesischer Kultur geworden, in dem drei wesentliche Elemente chinesischer Weltvorstellung und Naturbeziehung vereint waren:

Der kaiserliche Park, Sinnbild der Macht des Kaisers und Abbild seines Reiches im Sinne der Einheit aller Geschöpfe, mit dem Mittelpunkt der großen Wasserfläche mit ihren Felseninseln und Felsenküsten als Sinnbild der irdischen Welt und der Unsterblichkeit; das ruhige Leben inmitten dörflicher Einfachheit; schließlich ein Fleck gepflegter, wohnlich gemachter Wildnis, in dem man der Stimme der Natur lauscht. Diese drei Elemente haben – zusammen mit dem chinesischen Naturverständnis und der Gartenleidenschaft – aller späteren chinesischen Gartenkunst eine bis ins vorige Jahrhundert tragfähige Grundlage gegeben, deren Verkörperung wir heute noch im Sommerpalast vor uns haben, dessen ursprüngliche Benutzung Attiret so lebendig geschildert hat.

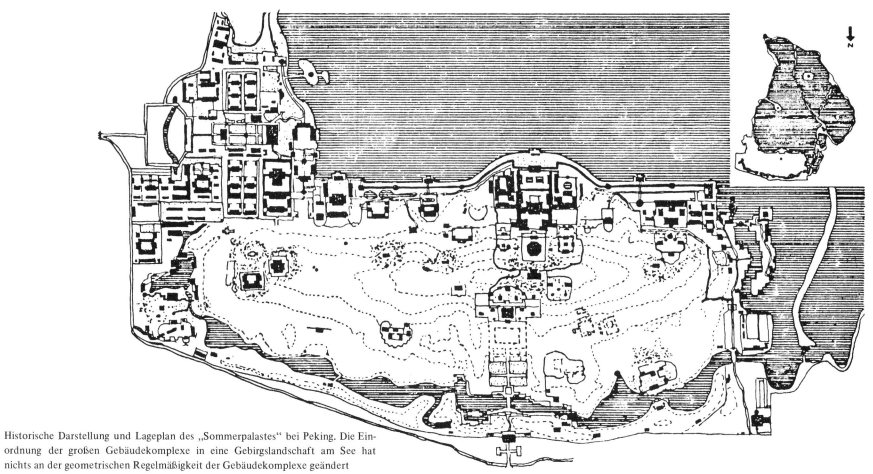

Historische Darstellung und Lageplan des „Sommerpalastes" bei Peking. Die Einordnung der großen Gebäudekomplexe in eine Gebirgslandschaft am See hat nichts an der geometrischen Regelmäßigkeit der Gebäudekomplexe geändert

VIII. ALTE PALASTGÄRTEN

Was Gartenkunst für China bedeutet hat und wie lange ihre ursprünglichen Vorstellungen lebendig geblieben sind, zeigen die großen Palastgärten im Bereich Pekings; der im 12. Jahrhundert angelegte und später von Kublai Khan ausgebaute Westpark – Hsi Yüan –, der die Verbotene Stadt an ihrer ganzen Westseite begleitet. Er stellt mit seinen drei Seen und den aus ihrem Erdaushub gewonnenen Inseln bzw. Terrassen – von denen die Bezeichnung „Ozeanterrasse" und „Inseln der Göttlichen Tugend" an die „Inseln der Unsterblichen" erinnern – den klassischen chinesischen Gartentyp in einer ausgedehnten Form dar.

Trotzdem hat er den Ansprüchen der Mandschu Dynastie nicht genügt. Sie haben in der zweiten Hälfte des 17. Jahrhunderts außerhalb der Stadt, am Fuß der „Westberge", einen wesentlich größeren und reicheren Palastgarten angelegt und zu Beginn des 18. Jahrhunderts vollendet; den riesigen Komplex „Yüan-Ming-Yüan": Garten der Gärten, und den zugehörigen Komplex „Chan-Chun-Shan": Garten des ewigen Frühlings sowie den „Wan-Shan-Shan", auf dessen Gelände sich der heutige Sommerpalast befindet. Nach Sirén war „das ganze Areal durchzogen von einem Netz von Kanälen, Seen mit gekrümmten Ufern und gewundenen Wasserläufen, zwischen denen die Gebäude auf Landzungen oder Inseln standen. Aus dem bei ihrem Aushub gewonnenen Erdreich sind Hügel und Terrassen gebaut worden, die von kleinen Pavillons gekrönt waren, während die Täler dazwischen mit Parks, Gärten und kleinen künstlichen Gebirgen mit blühenden Bäumen und Sträuchern bedeckt waren. Die Lage der Gebäude auf verschiedenen Inseln ermöglichte Isolation für die zahlreichen Haushalte der ungeheuer großen Familie des Kaisers, der Frauen, Konkubinen, Kinder und Enkel, ferner für Tempel, Bibliotheken, Theater, Audienzräume und Zeremonialgebäude, ganz zu schweigen von Werkstätten, Bootshäusern usw. Jedes Gebäude und jeder Platz hatte seinen bestimmten Namen, zum Beispiel:

‚Päonien-Terrasse'

‚Selbstporträt der Natur'

‚Haus des Frühlings zum blühenden Aprikosenbaum'

In dem 700 × 700 m großen ‚See der Glückseligkeit' – Fu-Hai – gab es drei kleine Inseln, genannt die ‚Inseln und Terrassen der Unsterblichen im Weltmeer' – sie waren nur durch Boote erreichbar.

Im Norden von Fu-Hai war das Gelände von Seen und Kanälen durchbrochen, und man sah vornehme Gebäude, zwischen ihnen den großen Palast Fang-Hu und Shang-Ching. Seine Vorderfront reichte mit Marmorterrassen ins Wasser."[61]

Im Jahr 1860 sind diese märchenhaften Anlagen, die dem Jesuitenpater Attiret den Stoff für seine weltberühmten Briefe gegeben haben, von französischen und englischen Truppen geplündert und in Brand gesteckt worden.

Der Rest der früheren, unvorstellbar großzügigen Palast- und Parklandschaft, der heutige berühmte Sommerpalast, bedeutet für Peking sowohl hinsichtlich seiner Lage als seiner ursprünglichen und heutigen Funktion etwa dasselbe wie die in der Nähe westlicher Hauptstädte gelegenen historischen Sommerresidenzen – sei es Versailles oder die Schlösser der Ile de France für Paris, Hampton Court für London, Laxenburg für Wien oder Potsdam für Berlin – ein altes Schloß mit großem Park ist zum beliebten, leicht erreichbaren Ausflugsziel heutiger Großstadtmenschen geworden. Als besonderer Reiz des Sommerpalastes wird wohl auch das durch die Nachbarschaft von Seen und bewaldeten Bergen gebildete, für Pekinger Verhältnisse besonders feuchte und frische Klima empfunden worden sein. Darauf deutet auch die Bezeichnung des auf dem höchsten Punkt gelegenen „Pavillons für Mondschein und Regen" hin, von dem aus sich ein weiter Blick auf den See mit seinen baumbestandenen Ufern, den Booten und der langen, geschwungenen Marmorbrücke mit ihren zahllosen Bogen eröffnet, der tatsächlich bei Regen ganz besonders reizvoll und charakteristisch wirkt.

Aber gerade angesichts dieser so tief verstandenen und betonten Wirkung der Landschaft erscheint es wichtig festzustellen, daß die Bauten und Höfe geometrisch streng und klar geordnet, als Architektur gestaltet sind, in deutlichem Gegensatz zur Unregelmäßigkeit der Topographie und Vegetation, deren Wirkung solcherart nicht nur nicht gestört, sondern im Gegenteil durch Kontrast gesteigert worden ist.

Dieses Prinzip ist in China offenbar von Anfang an – auch bei den Klöstern, Tempeln und Landsitzen im Gebirge – selbstverständlich gewesen, die immer auf regelmäßigen Terrassen stehen, die als Bestandteile des architektonischen Konzeptes aufgefaßt und gestaltet sind. Viele alte Darstellungen zeigen ja deutlich den offenbar bewußt gesuchten Kontrast zwischen der Regelmäßigkeit der gebauten und der Unregelmäßigkeit der landschaftlichen Elemente des Gartens – wenn sich zum Beispiel bizarre Blütenbäume oder Föhren von den ruhigen Flächen und Linien der Mauern oder Terrassen abheben.

So liegt auch der Sommerpalast als ruhige, symmetrische Anlage unmittelbar am Ufer und steigt mit Treppen, hohen Mauern, Terrassen und Pavillons den dahinterliegenden Hang hinauf, wo sich die Gebäude, immer lockerer verteilt, in der bewaldeten Berglandschaft verlieren. Eine dieser Gebäudegruppen ist – in offenkundiger Anlehnung an die Gärten von Sutchou – um die Fels-Ufer eines zentralen Teiches gruppiert.

Über den Zustand und die Benutzung dieser und anderer Palastgärten um 1740 berichten uns die berühmten Briefe Attirets, die, nach Clifford, 1747 in Frankreich und 1752 in England veröffentlicht wurden und als wichtiger Impuls für die Entstehung des englischen „poetischen" Landschaftsgartens dieser Zeit angesehen wurden, der damals dementsprechend als „anglo-chinesisch" bezeichnet worden ist.

„Der kaiserliche Palast zu Peking und seine Gärten bieten nur das Großartigste und Schönste, und zwar sowohl in Planung und Ausführung. Ich kenne Frankreich und Italien, doch habe ich nirgends Ähnliches erblickt.

Der Palast ist mindestens so umfangreich wie die Stadt Dijon. Er besteht aus einer großen Zahl von Hauptgebäuden, die, voneinander getrennt, in angenehmer Symmetrie angeordnet sind. Zwischen ihnen befinden sich geräumige Höfe und Gärten. Die Fassaden dieser Gebäude strahlen durch die Vergoldungen, den schimmernd-glänzenden Anstrich und durch die Bemalung. Im Innern sind sie geschmückt mit allem, was China, Indien und Europa an Schönem und Kostbarem bieten.

Die Gärten sind ungemein köstlich. Auf ausgedehntem Gelände angelegt, wurden darin kleine zwischen zwanzig und sechzig Fuß hohe Hügel errichtet, so daß eine Unmenge kleiner Täler entstanden ist. Die Sohle dieser Täler benetzen künstliche Wasseradern, die sich an mehreren Stellen vereinigen, um Teiche und Seen zu bilden. Diese Kanäle, Teiche und Seen werden mit wundervollen und sehr ansehnlichen Barken befahren. Ich habe eine solche gesehen, die eine Länge von sechsundzwanzig Metern und eine Breite von acht Metern aufwies und auf der sich ein prächtiges Haus befand. Am Rande der Wasserläufe befinden sich Anlagen, die sich aus mehreren großen Gebäuden, Höfen, offenen und geschlossenen Galerien, Hainen, Beeten und Kaskaden zusammensetzen, wodurch ein Gesamteindruck hervorgerufen wird, der einzigartig ist.

Man entfernt sich aus einem Tal nicht etwa auf einer schönen geraden Allee wie in Europa, sondern auf Zickzackwegen, auf gekrümmten Pfaden, die mit kleinen Pavillons und Grotten geschmückt sind. So gelangt man in ein zweites Tal, das von dem vorigen völlig verschieden ist, sei es nun durch die Gestaltung des Bodens, sei es durch die Gestalt der Gebäude.

Sämtliche Berge und Hügel sind mit Bäumen bedeckt, vor allem mit den hier sehr häufigen Blütenbäumen. Wahrhaftig: es ist ein irdisches Paradies! Die Kanäle sind mit roh behauenen Felsstücken gesäumt, die abwechselnd vor- und zurücktreten und so kunstvoll gesetzt sind, daß man sie für ein Werk der Natur halten könnte. Das Gewässer ist bald breit, bald schmal, hier schlängelt es sich, dort macht es eine Biegung, so als sei es tatsächlich von Hügeln und Felsen bedrängt worden. Zwischen den Steinen am Rande brechen Blumen hervor, so als habe die Natur sie angeordnet. Und jede Jahreszeit hat die ihrigen.

Geht man die mit kleinen Kieselsteinen bestreuten Wege entlang und gelangt in ein Tal, so erblickt man die Gebäude mit ihren Fassaden aus Säulen und Fenstern. Das Gebälk ist vergoldet, bemalt, gefirnist; das Mauerwerk aus grauen, fein polierten Ziegelsteinen; die Dächer sind mit glasierten Ziegeln gedeckt in Rot, Gelb, Blau, Grün und Violett, was ein lebendiges, vielfältiges Muster ergibt. Diese Gebäude, die sich von zwei bis acht Fuß über den Boden erheben, besitzen meist nur ein Erdgeschoß, einige von ihnen allerdings auch noch ein weiteres Stockwerk. Zu diesem gelangt man nicht etwa über kunstvoll steinerne Stufen, sondern über Felsanlagen, die wie von der Natur gebildete Treppen aussehen. Nichts könnte stärker an jene Märchenschlösser erinnern, die inmitten einer Einöde und auf Felsen errichtet sind und zu denen der Zugang nur holprig und gewunden ist.

Die Innenräume nehmen es mit der Pracht des Äußeren durchaus auf. Ihre Anordnung ist harmonisch, Möbel und Schmuck sind von erlesenem Geschmack und überaus kostbar. In den Höfen und Durchgängen stößt man häufig auf Vasen aus Marmor, Porzellan oder Kupfer, gefüllt mit Blumen, zuweilen auch auf Bronzefiguren, die Tiere von symbolischer Bedeutung darstellen, sowie auf Urnen, in denen wohlriechende Essenzen verbrannt werden.

Jedes Tal besitzt also sein Lusthaus, klein mit Rücksicht auf die Gesamtfläche der Einfriedung, aber groß genug, um den größten unserer europäischen Herrscher mitsamt seinem Gefolge aufzunehmen.

Eine Reihe dieser Häuser oder Palais sind von Zedernholz, das unter größtem Kostenaufwand fünfhundert Wegstunden entfernt von Peking herbeigeschafft worden ist. Von dieser Art Häuser gibt es mehr als zweihundert hier, nicht einbegriffen die gleiche Anzahl Häuser für die Eunuchen, welche jeden einzelnen Palast bewachen sollen. Ihre Wohnungen liegen stets abseits, mehrere Meter entfernt. Da sie von ziemlich einfachem Äußeren sind, werden sie oftmals durch Hügel verborgen.

In gewissen Abständen spannen sich Brücken über die Kanäle; sie sollen eine leichtere Verbindung zwischen den einzelnen Teilen der Anlage schaffen. Diese Brücken bestehen im allgemeinen aus Ziegeln, behauenen Steinen, einige sind aus Holz, und alle von einer Höhe, die genügt, um die Durchfahrt von Barken nicht zu behindern. Das Brückengeländer bilden Balustraden aus kunstvoll bearbeitetem und mit Reliefs geschmücktem Marmor, doch gibt es auch hier stets Abweichungen und Abwechslung, entweder sind sie im Winkel oder geschwungen angelegt. Man sieht Brücken mit kleinen Pavillons, die auf vier, acht oder sechzehn Säulen ruhen. Diese Pavillons stehen immer dort, wo sie den schönsten Ausblick bieten. Andere Brücken wiederum tragen zu beiden Enden Triumphbogen aus Holz oder weißem Marmor.

Wie ich sagte, münden diese Kanäle in Seen. Einer dieser Seen nimmt fast eine halbe Wegstunde Durchmesser in Anspruch und erhielt den Namen eines Meeres. Er ist einer der schönsten Punkte in der ganzen Umgebung. Rings um das Ufer dieses Sees liegen große Gebäude, die untereinander durch Kanäle und durch künstliche Erhebungen, wie ich schon berichtete, getrennt sind. Das Reizvollste an diesem ‚Meer' ist jedoch eine Insel, vielmehr ein Felsen von wildem Aussehen, der sich daraus erhebt. Darauf ist ein kleines Palais erbaut, das immerhin mehr als einhundert Zimmer zählt. Von dort erblickt man alle anderen Gebäude am Ufer des Sees, alle Berge, die dort enden, alle Kanäle, die dorthin führen, alle Brücken in äußerster Entfernung oder an der Einmündung der Kanäle, alle Pavillons oder Bögen, die diese Brücken schmücken, und alle Haine, in denen sich die Häuser verbergen.

Keine Stelle des Seeufers ähnelt der anderen: hier geschliffene Steine, dort Felsenkais, die mit aller erdenklichen Kunstfertigkeit in Form von Amphitheatern errichtet wurden, an einer anderen Stelle wiederum schöne Terrassen mit Stufen zu jeder Seite, die zu den Gebäuden heranführen. Jenseits dieser Terrassen erheben sich weitere Terrassen mit Gebäuden in amphitheatralischer Anlage. An einer Stelle leuchtet ein Wald von Blütenbäumen, ein wenig weiter trifft man auf ein Gehölz wilder Sträucher, die nur in der Bergöde wachsen. Auch gibt es Wälder aus Bäumen des Hochwaldes, aus ausländischen Bäumen und Obstbäumen.

Ebenfalls gibt es an den Ufern dieses Sees zahlreiche, teils im Wasser, teils auf der Erde befindliche Käfige und Gehäuse für Wasservögel aller Arten sowie kleine Tiermenagerien und Anlagen für die Jagd. Besonders auffallend ist eine Art Goldfisch, dessen Haut wie echtes Gold leuchtet; indessen befinden sich hier auch zahlreiche silberne, blaue, rote, grüne, violette, schwarze und graue Fische. Sämtliche Gärten enthalten mehrere Fischreservoirs. Das Beachtlichste daran ist jedoch ein großer, von gitterartigem Netz aus feinen Kupferfäden umgrenzter Raum, der die Fische hindert, sich im ganzen See auszubreiten.

Ich möchte Euch zu diesem bezaubernden Ort bringen können, wenn der See übersät ist mit vergoldeten Barken, die spazierenschwimmen, in denen gefischt wird, mit denen Kämpfe wie Lanzenbrechen und andere vergnügliche Spiele ausgefochten werden; vor allem aber in einer schönen Nacht, wenn dort Feuerwerke steigen und alle Paläste, alle Barken und beinahe sämtliche Bäume beleuchtet sind. Lassen uns die Chinesen, was Illuminierung und Feuerwerk betrifft, doch weit hinter sich.

Der Ort, an dem sich gewöhnlich der Kaiser aufhält und wo auch alle seine Frauen wohnen – die Kaiserin, die Ku-si Fei, die Fei, die Ku-si kin, die Tsang-tsai (das sind die Titel der Frauen, je nach Rang oder Gunst; der Name der Kaiserin lautet Hoanghe u, der der Kaisermutter Tai-He-u), die Dienerinnen und die Eunuchen, ist eine beachtliche Anlage von Gebäuden, Höfen und Gärten, kurzum: eine ganze Stadt. Die übrigen Palais sind nur zum Lustwandeln und zum Dinieren bestimmt.

Hier ist vor allem darauf geachtet worden, daß sich die einzelnen Gebäude möglichst voneinander unterscheiden und daß in sämtlichen Teilen der Gärten Vielfalt, Unregelmäßigkeit und Asymmetrie vorherrschen. Und in der Tat könnte man sagen, daß jedes dieser Häuser nach den Ideen und Modellen eines fremden Landes errichtet worden ist.

Galerien, wie ich sie Euch beschreiben will, gibt es wohl nur hier in diesem Lande. Ihr Hauptzweck ist es, die recht weit voneinander getrennt liegenden Hauptgebäude miteinander zu verbinden. Manche von ihnen haben an der Innenseite Pilaster und sind an der Außenseite durchbrochen von unterschiedlich geformten Fenstern. Zuweilen bestehen sie auch ganz aus Pilastern, wie jene, die von einem Palast zu einem der offenen Pavillons führen. Einzigartig ist, daß diese Galerien keineswegs in gerader Linie verlaufen, sondern Hunderte von Umwegen einschlagen, bald hinter einen Hain, bald hinter einen Felsen, gelegentlich um einen kleinen See oder um einen Wasserlauf.

Wie ich schon sagte, sind diese Paläste oder Lusthäuser von ungeheurem Prachtaufwand. Ich habe beobachtet, wie im vergangenen Jahr eines dieser Häuser innerhalb dieses Geländes gebaut wurde und das einem Vetter des Kaisers sechzig Yüan kostete, das sind vier Millionen und fünfhunderttausend Livres; die Verzierungen und die Inneneinrichtung erschienen nicht auf dieser Rechnung, und man kann danach auf die immensen Summen schließen, welche sämtliche Gärten gekostet haben müssen. Überdies sind diese Gärten mit all ihrem Zubehör ein Werk von zwanzig Jahren. Der Vater des jetzigen Herrschers hat sie begonnen, und dieser hat sie erweitert und verschönt.

Übrigens heißt das Ergebnis dieses erstaunlichen Lusthauses Yüven-ming-yüven, das ist: der Garten der Gärten. Von dieser Art besitzt der Kaiser noch drei weitere Lusthäuser, die jedoch kleiner sind und von geringerer Schönheit. In einem dieser Häuser wohnt die regierende Kaiserin mit ihrem Hof. Es nennt sich Tschamgtshun-yüven, das ist: der Garten des ewigen Frühlings."[62]

„On Oriental Gardening".
Der bekannte Aufsatz von Chambers versucht dagegen schon sehr deutlich, Kriterien und Anregungen für europäische Gartenkunst zu gewinnen, vielleicht auch die Bestätigung eigener Auffassungen zu konstruieren.

Trotz des begreiflicherweise großen Eindrucks dieser Schilderungen ist die Gartenrevolution des 18. Jahrhunderts offenbar nicht durch Attirets Nachrichten ausgelöst worden; denn die bekannten Chinoiserien in den europäischen Rokokogärten, die Pagoden in Drottningholm, in Kew, in Nymphenburg und anderenorts sind wesentlich früher – 1815 bis 1820 – entstanden, und auch die Bedeutung der 1772 verfaßten Dissertation „On Oriental Gardening" von Chambers liegt ja weniger in ihrer bestrittenen Authentizität als vielmehr darin, daß Chambers den fernöstlichen Garten als Argument für seine eigenen, neuen Auffassungen von Gartenkunst benutzt hat.

So dürfte wohl Cliffords Auffassung zutreffen: „Alle Kräfte, die für eine grundlegende Änderung eintraten, richteten sich in England nunmehr gegen den architektonischen Garten. Die Philosophen hatten die Schönheit der Welt vor dem Sündenfall entdeckt ... Das Auge der eleganten Welt hatte sich mit den unsymmetrischen Mustern auf chinesischem Porzellan, Lackarbeiten und Seiden vertraut gemacht. Der monarchische Despotismus war tot, der klerikalen Autorität widersetzte man sich, und der Geist wie der Geschmack waren frei zu

ON ORIENTAL GARDENING:

„In China steht die Gartenkunst in viel höherem Ansehen als in Europa. Die Chinesen stellen ein vollkommenes Werk der Gartenkunst auf gleiche Höhe mit den großen Schöpfungen menschlichen Geistes und sind der Ansicht, daß sie nicht weniger als andere Künstler das Gemüt zu erregen vermag.

Chinesische Gartenkünstler sind nicht nur Botaniker, sondern zugleich Maler und Philosophen mit einer gründlichen Kenntnis des menschlichen Gemütes und all jener Künste, die es am stärksten bewegen können. Anders als in Italien und Frankreich, wo jeder kleine Architekt als Gartenkünstler gilt und wo Bauern, aus Melonenpflanzungen kommend, sich als Professoren niederlassen, ist in China die Gartenkunst ein ausgesprochener Beruf, der ein umfassendes Studium erfordert, dessen völlige Beherrschung nur wenigen gelingt. Chinesische Gartenkünstler sind alles andere als unwissend und ungebildet, sie sind Männer großer Fähigkeiten, welche mit ihren natürlichen Veranlagungen die Vorzüge verbinden, die ihnen Studium, Reisen und lange Erfahrungen geben können. Nur auf Grund solcher Ausbildung wird ihnen die Ausübung ihres Berufes gestattet. Bei den Chinesen unterliegt die Beherrschung der hochstehenden Gartenkunst nämlich der behördlichen Kontrolle, da man der Meinung ist, sie habe Einfluß auf die allgemeine Kultur und die Schönheit des ganzen Landes. Sie sagen, daß Irrtümer, die in dieser Kunst begangen werden, zu folgenschwer sind und nicht geduldet werden dürfen, nachdem sie dem ständigen Anblick ausgesetzt und zum größten Teil nicht mehr gutzumachen sind. Bedarf es doch oft eines Jahrhunderts, um die Fehler einer einzigen Stunde wieder zu korrigieren.

Die chinesischen Gärtner nehmen sich die Natur zum Vorbild und sind bestrebt, alle ihre reizvollen Unregelmäßigkeiten nachzuahmen. Die ersten Überlegungen gelten der Beschaffenheit des Terrains, das sie bearbeiten wollen: ob es eben oder geneigt, hügelig oder gebirgig, klein oder von reichlicher Ausdehnung ist, ob es Überfluß an Quellen oder Wasserläufen bietet oder unter Wassermangel leidet, ob es waldig oder kahl, dürr oder fruchtbar ist, ob sich in dieser Landschaft die Übergänge abrupt zeigen und ihr daher den Charakter des Großartigen, Wilden, Schreckenerregenden verleihen oder ob sie allmählicher Art sind und daher ein sanfter, schwermütiger oder heiterer Eindruck entsteht. Alle diese Umstände beachten die chinesischen Gartenkünstler sorgfältig, indem sie Maßnahmen treffen, die in kurzer Zeit und mit geringem Kostenaufwand zu bewerkstelligen sind, um den Boden zu verbessern, seine Unvollkommenheiten zu verbergen, seine Vorzüge zu erhöhen und hervortreten zu lassen.

Auch tragen sie dem Grad der Wohlhabenheit ihres Auftraggebers Rechnung, seinem Alter, seinen Gebrechen, seinem Temperament, seinen Vergnügungen, seinen Beziehungen, seinen Geschäften und seiner Lebensweise ebenso wie der Jahreszeit, in welcher der Garten am häufigsten von ihm besucht zu werden pflegt, dergestalt, daß sie sich in der Art der Gartenanlage den Bedürfnissen ihres Dienstherren anpassen und für seine Erholung Vorsorge treffen. Ihre Kunst besteht darin, gegen die Unvollkommenheiten und Mängel der Natur sowie alle anderen Hindernisse zu kämpfen und trotz aller Widerstände Werke hervorzubringen, die ungewöhnlich und in ihrer Art vollkommen sind. Die Kunst muß daher der Kärglichkeit der Natur abhelfen und nicht nur angewendet werden, um Mannigfaltigkeit zu schaffen, sondern um auch Neuheit und Wirkung zu erzielen; denn die einfachen Anordnungen der Natur sind überall bis zu einem gewissen Grad der Vollkommenheit anzutreffen und deshalb zu vertraut, um im Gemüt des Betrachters stärkere Erregung oder außergewöhnliches Vergnügen zu wecken.

Neuheit und Mannigfaltigkeit lassen sich zwar auch dadurch erreichen, daß die Eigenarten einer Landschaft in eine andere verpflanzt werden, nämlich, indem man Felsen, Wasserfälle, überhängende Baumgruppen und andere romantische Szenerien in flachem Gelände anordnet, indem man Wasser zuführt, wo dessen ermangelt, und indem man inmitten der Wildnis der Berge kultivierte Flächen anlegt. Aber selbst diese Hilfsmittel sind bald erschöpft und können überdies selten ohne größere Ausgaben realisiert werden.

Die Chinesen sind daher keine Gegner gerader Linien, da sie, allgemein gesprochen, schöpferisch im Bereich des Erhabenen sind, das oft nicht ohne die Geradlinigkeit erreicht werden kann; noch haben sie irgendwelche Abneigung gegen geometrische Regelmäßigkeit, von der sie sagen, sie sei schön in sich selbst und sehr geeignet für kleinere Kompositionen, bei welchen die üppigen Unregelmäßigkeiten der Natur gerade jene Teile, die von diesen Kompositionen geschmückt werden sollen, ausfüllen und verwirren würden. Sie halten sie daher für am geeignetsten bei Blumengärten und allen anderen Anlagen, wo viel Geschicklichkeit in der Bodenkultur sichtbar wird und diese daher auch in der Form zum Ausdruck kommen sollte.

Ihre wohlgeordneten Gebäude umgeben sie gewöhnlich mit künstlichen Terrassen, Hängen und zahlreichen Treppenanlagen, die an den Ecken mit Skulpturengruppen oder Vasen geschmückt sind, dazwischen spielen alle Arten von Wasserkünsten, die, in Verbindung mit der Architektur, deren Wirkung erhöhen und zu der Heiterkeit, der Pracht und Vielgestaltigkeit der Szenerie beitragen.

Rund um das Hauptgebäude und nahe bei seinen schmuckreichen Nebenbauten finden sich mit großer Regelmäßigkeit und Sorgfalt behandelte Anlagen: hier gibt es keine Pflanzen, die die Aussicht von den Gebäuden behindern könnten. Auch sind nur solche Linienführungen gestattet, die sich der Architektur anpassen und zur allgemeinen Wirkung der ganzen Komposition beitragen. Die Chinesen halten es für absurd, etwa einen eleganten Bau mit ungepflegter, kunstloser Vegetation zu umgeben. Sie sagen, dies gliche einem Diamanten in Bleifassung und vermittle den Eindruck eines unfertigen Werkes. Sind die Gebäude in ländlichem Stil, so ist die sie umgebende Landschaft wild. Handelt es sich um vornehme Gebäude, so ist sie schwermütig; handelt es sich um Häuser im heiteren Stil, so ist sie üppig. Kurz, die Chinesen sind überaus konsequent, innerhalb einer Komposition auf alle Fälle den einheitlichen Charakter zu wahren. Dies ist eine der wesentlichen Ursachen für die überraschende Vielfalt ihrer Werke.

Sie lieben es, Statuen, Büsten, Reliefs und andere Schöpfungen des Meißels sowohl in den verschiedenen Teilen des Gartens wie rund um ihre Gebäude aufzustellen. Sie halten dies nicht nur für dekorativ, sondern weisen darauf hin, daß die Bildnisse den Geist zu wohlgefälliger Betrachtung rufen, indem sie uns an vergangene Ereignisse, an berühmte Persönlichkeiten erinnern und damit unsere Gedanken zu längst verflossenen Jahrhunderten zurückführen. Nie versäumen sie, alte Inschriften, Verse und Leitsprüche in den Anlagen verstreut anzubringen, und zwar an großen verwitterten Steinen und Marmorsäulen oder eingeschnitten in Bäume und Felsen. Stets wird ein dem Sinn der Inschrift entsprechender Ort für sie gewählt.

Sie sagen, daß diese Dekorationen nötig seien, um die Szenerien voneinander zu unterscheiden. Ohne dieses Hilfsmittel wären sie von ermüdender Ähnlichkeit.

Ist das Terrain weiträumig genug, werden die einzelnen Szenerien gewöhnlich einem bestimmten Aussichtspunkt zugeordnet. Wo die Fläche begrenzt ist und Mannigfaltigkeit nicht gestattet, werden die Objekte so angeordnet, daß man sie von verschiedenen Punkten erblickt, aus immer neuen Blickwinkeln, so daß sich diese Ansichten untereinander oft unterscheiden. Die Chinesen bedienen sich auch aller möglichen Vorzüge der außerhalb der Anlage gelegenen Objekte, indem sie sorgfältig die Grenzlinien der Grundstücke verbergen und sich bemühen, zwischen diesen und den entfernten Wäldern, Feldern und Flüssen einen offensichtlichen Zusammenhang herzustellen. Wo Städte, Schlösser, Türme oder andere bemerkenswerte Baulichkeiten in Sehweite liegen, bringen sie es kunstvoll zuwege, diese von möglichst vielen Punkten und Richtungen aus sichtbar werden zu lassen. Den gleichen Grundsätzen folgen sie hinsichtlich Flüssen, Hauptstraßen, Fußwegen und Mühlen sowie allen beweglichen Objekten, die die Landschaft beleben und bereichern.

Außer den üblichen europäischen Methoden, Grenzlinien durch Hahas (in Gräben eingesenkte Hecken) und versenkte Zäune unsichtbar werden zu lassen, kennen die Chinesen noch andere diesem Ziele dienende Kunstgriffe. Im Flachland, wo die Ausblicke auf außerhalb liegende Objekte natürlich fehlen, umschließen sie ihre Gartenanlagen mit künstlichen Terrassen, zu welchen man über sanfte Hügel aufsteigt. Diese umsäumen sie innen mit Dickichten aus hochstämmigen Bäumen und Unterholz, außen dagegen mit niedrigem Gebüsch, über das hinweg der Blick des Spazierengehenden über die gesamte angrenzende Landschaft schweift, die als eine Fortsetzung der Gartenanlage scheint. Denn auch hier ist die Einzäunung sorgsam versteckt.

Wo sich der Garten auf einem Terrain befindet, das höher als das es umgebende Gelände liegt, umziehen sie die Anlage mit künstlichen Wasserläufen, an deren jenseitigen Ufern die Grenzen zwischen Bäumen und Gebüsch versteckt sind. Zuweilen verwenden sie auch Zäune aus starken, grün gestrichenen Drähten, die an den die Anlage umsäumenden Bäumen und Gebüschen befestigt und unregelmäßig nach allen Richtungen gezogen sind, so daß man sie praktisch erst sieht, wenn man ihnen ganz nahe gekommen ist. Wo immer Hahas oder versenkte Zäune benützt werden, werden die Gräben mit Dornsträuchern gefüllt, womit gleichzeitig die Umzäunung verstärkt und die Mauern verborgen werden.

In ihren großen Gartenanlagen schaffen die Chinesen jeweils Szenerien für die verschiedenen Tageszeiten, indem sie an Aussichtspunkten Gebäude anlegen, deren Benutzung auf eine bestimmte Tageszeit hinweist, zu der die Aussicht am vollkommensten zu genießen ist. Auch in ihren kleinen Gartenanlagen benutzen sie diesen Kunstgriff. Außerdem legen sie Szenerien eigens für jede Jahreszeit an: einige für den Winter, die gewöhnlich an der Südseite liegen und sich zusammensetzen aus Kiefern, Tannen, Zedern, immergrünen Eichen, Phillyreas, Stechpalmen, Eiben und vielen anderen immergrünen Bäumen. Sie werden bereichert durch Lorbeer verschiedener Arten, Laurestinus, Arbutus und andere Pflanzen, die bei kaltem Wetter wachsen und blühen. Um diesem etwas düsteren Arrangement Vielfalt und Heiterkeit zu verleihen, pflanzen sie dazwischen in regelmäßiger Anordnung, durch Pfade getrennt, die seltenen Büsche, Blumen und Bäume der heißen Zone, die sie während des Winters mit Glaskästen bedecken, die die Form von Tempeln und anderen zierlichen Gebilden haben.

Die Szenerien des Frühlings besitzen Überfluß an immergrünen Pflanzen, vermischt mit spanischem Flieder, Goldregen, Zitronen, Hagedorn, Mandelbäumen und Pfirsichbäumen, Heckenrosen, frühen Rosen und Geißblatt. Der Boden und die Ränder der Dickichte und Gebüsche sind geschmückt mit wilden Hyazinthen, Goldlack, gelben Narzissen, Veilchen, Primeln, Krokus, Maßliebchen, Schneeglöckchen und verschiedensten Arten der Iris. Um diese Landschaften noch mehr zu beleben, werden kleine Menagerien zahmer und wilder Tiere eingesetzt und Vogelhäuser, Vorrichtungen für Hühnerzucht und Anlagen für Ring- und Boxkämpfe sowie Wachtelkämpfe und andere in China bekannte Spiele im Gelände verstreut. In den Wäldern werden oft große Lichtungen für militärische Sportarten, wie Reiten, Springen, Fechten, Bogenschießen und Laufen, angelegt.

Die Sommerszenerien sind die reichhaltigsten und mit der meisten Sorgfalt angelegten Teile des Gartens. Hier zeigt sich ein Überfluß an Seen, Flüssen und Wasserkünsten jeder Art mit Schiffen zum Segeln, zum Rudern, zum Fischen und für die Vogeljagd. Die Waldungen bestehen aus Eichen, Buchen, indischen Kastanien, Ulmen, Eschen, Platanen, Bergahorn und Ahorn, aus verschiedenen Pappelarten sowie vielen anderen für China typischen Bäumen. Das Dickicht bilden die alle Jahre neu grünenden Laubsträucher, die in jenem Klima gedeihen, sowie alle Blumen und Stauden, die während der Sommermonate blühen. Dadurch ergibt sich eine leuchtende und überaus harmonische Farbenkomposition.

Die zahlreichen Gebäude sind weiträumig und prächtig. Einige sind für Bankette, Bälle und Konzerte bestimmt, für gelehrte Gespräche, Spiele oder Seiltanzen, andere dagegen zum Baden, Schwimmen, Lesen, Ausruhen oder Meditieren.

In der Mitte dieser Sommeranlagen ist zumeist eine große Fläche ausgespart mit engen Pfaden, Säulendurchgängen und Lauben, ohne Regelmäßigkeit und mit manchen Windungen, die den sich darin Ergehenden wie in einem Labyrinth verwirren. Hier befinden sich zuweilen auch Haine aus Unterholz, gelegentlich höhere Gebüsche und Gruppen von Rosenbäumen. Eine Wildnis mannigfaltiger Genüsse, köstlicher Wohlgerüche und prächtiger Tiere. Hier gibt es Gold- und Silberfasanen, Pfauen, Rebhühner, Zwerghühner und Wachteln. Tauben, Nachtigallen und unzählige Singvögel wiegen sich auf den Zweigen, Rotwild, Antilopen, gefleckte Büffel, Schafe und tatarische Pferde bevölkern die Lichtungen. Die einzelnen Pfade führen stets zu einem dem Auge köstlichen Gebäude, zu Orangen- und Myrthenhainen, zu kleinen Wasserläufen, deren Ufer mit Rosen, Geißblatt und Jasmin gesäumt sind, zu murmelnden Quellen, die mit Statuen schlafender Nymphen und Wassergötter geschmückt sind, zu grünen Behausungen mit Lagern aus aromatischen Gräsern und Blumen, zu Felsgrotten, geschmückt mit inkrustierten Korallen, Edelsteinen und Kristallen und erfrischt von kleinen Bächen wohlriechenden Wassers und gekühlt durch duftende künstliche Brisen.

In jedem der durch die Pfade getrennten Haine liegt ein zierlicher Pavillon, der aus einem einzigen Prunkraum besteht mit Nebengebäuden und Bequemlichkeiten für Eunuchen und Dienerinnen. Diese Pavillons werden während des Sommers von den schönsten und bezauberndsten Konkubinen bewohnt.

Die Chinesen sind der Ansicht, daß die Schönheit der Pflanzenwelt in hohem Maße vom Wasserreichtum abhängt, der gleichzeitig Mannigfaltigkeit und Kontrast in der Szenerie hervorbringt, das Grün der Rasenflächen verschönert und den Pflanzungen Gesundheit und Kraft verleiht. Ihre Seen werden so groß angelegt, wie es das Terrain erlaubt: manche haben einen Umfang von mehreren Meilen. Sie sind so geformt, daß von keiner einzigen Stelle ihr Ende erblickt werden kann, so daß der Betrachter über ihre tatsächliche Ausdehnung stets im ungewissen bleibt. In diesen Seen liegen mancherlei Inseln, die die Umgrenzung verbergen und die Landschaft auflockern sollen. Einige von ihnen sind klein und reichen gerade aus, um ein oder zwei Trauerweiden, Birken, Lärchen, Goldregen oder anderen Sträuchern, deren Zweige sich über das Wasser neigen, Platz zu bieten. Andere Inseln hingegen sind von großer Fläche, hoch kultiviert und bereichert durch Rasen, Gebüsche, Haine und Häuser. Andere wiederum sind zerklüftet und hügelig, von Felsen umgeben, bepflanzt mit Farn und hohem Gras und in den Tälern mit hohen Bäumen, zwischen denen man häufig Elefanten, Nashörner, Dromedars, Straußenvögel oder den Riesenpavian erblicken kann.

Und da sind Inseln, die sich zu ansehnlicher Höhe emporrecken, dank mehrerer Terrassen, die untereinander durch verschiedene prächtige Treppenfluchten verbunden sind. An den Enden dieser Terrassen wie auch an den Treppenflanken stehen eherne Dreifüße, aus denen Weihrauchduft emporsteigt. Auf der obersten Treppe erhebt sich meist ein Turm für astronomische Beobachtungen oder ein zierlicher Tempel, der Götterbilder oder die Kolossalstatue eines Gottes beherbergt.

In den Seen sind auch große künstliche Felsen eingesetzt worden, die aus besonders fein kolorierten Steinen bestehen, wie sie an den Meeresküsten Chinas gefunden werden. Durch die zahlreichen, in die Felsen gebrochenen Öffnungen genießt man herrliche Weitblicke. Ebenfalls gibt es innen Höhlen, in denen Krokodile, riesige Wasserschlangen und andere Ungeheuer leben, sowie Käfige für seltene Wasservögel und Grotten, aus mehreren glitzernden Sälen bestehend, die mit den Meeresfrüchten und Edelsteinen der verschiedensten Art geschmückt sind. Die Felsen selbst sind mit Moos, Efeu, Farnkraut, Mauerpfeffer, Knoblauchpflanzen, Zwergbuchs, Felsrosen und Ginster bepflanzt, auch mit einigen Bäumen, die in den Felsspalten wurzeln.

Ganz oben auf diesen Felseilanden befinden sich Einsiedeleien oder Tempel, zu denen man über viele steinige, in den Felsen geschlagene Stufen hinansteigt.

Nicht weniger einfallsreich zeigen sich die Chinesen bei ihren Brücken. Einige fertigen sie aus Holz, und zwar aus rauhen Planken, die in ländlicher Manier auf mächtige Baumwurzeln gelegt werden. Andere sind aus Baumstämmen gebildet, deren Geländer aus alten Zweigen mit Winden und verschiedensten Sorten von Kletterpflanzen verflochten ist. Da gibt es auch Brücken, die aus weiten, gezimmerten Bögen bestehen, welche mit großer Kunstfertigkeit zusammengesetzt wurden. Es gibt Brücken aus Stein und Marmor, und ihr Schmuck sind Kolonnaden, Triumphbögen, Türme, Pavillons, Statuen, Reliefs, Urnen und große Porzellanvasen. Übrigens sind etliche in der Nähe der Brücken da und dort angelegte Brunnen mit peinlichster Genauigkeit und mit großem Geschmack gefertigt, während andere wiederum verfallen scheinen oder im halbfertigen Zustand, noch immer umgeben von Gerüsten und dem ganzen Bauapparat, gelassen wurden.

Der Leser wird natürlich glauben, daß all diese Brücken mit ihren Pavillons, Tempeln, Palästen und anderen Häusern, wie sie so überreich über den chinesischen Garten verstreut sind, diesen ganz seines ländlichen Charakters entkleiden und eher an prächtige Städte erinnern als an kultivierte Landschaft. Die chinesischen Gartenkünstler verteilen diese Baulichkeit jedoch, um die Schönheit bestimmter Ausblicke zu steigern, wobei der Ausblick auf die Gesamtkomposition, in der die Natur fast immer vorherrschend erscheint, nicht beeinträchtigt werden soll. Wenn auch ihre Gärten angefüllt sind mit Gebäuden und anderen künstlerischen Gebilden, gibt es doch manche Stelle, von der aus sie nicht zu erblicken sind. Sie sind außerdem so geschickt in den Tälern, hinter Felsen und Bergen oder in den Wäldern und Gebüschen verborgen, daß selten mehr als zwei oder drei von ihnen gleichzeitig wahrgenommen werden können."[63]

Zeitgenössische Darstellung von „Yüan Ming Yüan"

forschen. Die Welt war voller Überraschung und Spannung."[64]

Gleichgültig, wie weit wir die Äußerungen Attirets und Chambers unmittelbaren Erlebnissen oder der von entsprechenden Nachrichten beflügelten Begeisterung für eine neue Gartenwelt verdanken — gleichgültig, ob sie die europäische Gartenrevolution des 18. Jahrhunderts mitausgelöst oder nur unterstützt haben —, sie und mancher damals entstandene europäische Gartenentwurf sind jedenfalls Dokumente des starken Eindrucks, den chinesische Kultur schon damals auf Europa gemacht hat, ähnlich wie im Jahr 1900 chinesische Landschaftsmalerei, japanische Farbholzschnitte und vieles andere dem europäischen Jugendstil entscheidende Anregung gegeben hat.

Ähnlich erleben wir ja heute, wie die ursprünglich von China beeinflußte japanische Gartenkunst ebenfalls ihren Einfluß auf die westliche Welt ausübt — wobei hier weniger ein sichtbarer Niederschlag in westlichen Entwürfen gemeint ist, als vielmehr der Gewinn neuer Gesichtspunkte und Kriterien, neuerer und besserer Qualitätsmaßstäbe.

Im übrigen haben charakteristische Elemente europäischer Landschaftsgärten früherer Zeit bemerkenswerte Parallelen in China oder umgekehrt. Wenn zum Beispiel in dem bekannten Roman der Tsing-Zeit „Der Traum der roten Kammer" ausführlich beschrieben wird, wie die Besitzer des „Parks der Augenweide" charakteristische Punkte wie Brücken, Tore und Gebäude mit Inschriften schmücken, so erinnert das sehr an die Sitte, in europäischen Gärten der Romantik „Freundschaftstempel", Obeliske, Steine usw. mit Sinnsprüchen zu „verzieren".

„Man schritt weiter, auf schmalem Pfad, der sich durch eine enge Schlucht durch mächtige, mit Moos und Schlinggewächsen bewachsene graue Felsen emporwand. Phantastisch wie Spukdämonen oder gewaltige Fabeltiere wirkten diese kreuz und quer gelagerten Felsengebilde in ihren grotesken Formen. Auf halber Höhe, vor einem einzelnen spiegelblanken Fels machte man Halt. ‚Mir scheint, das ist der rechte Platz für eine Inschrift. Welchen Namen wollen wir dem Fleck geben?' ... Eine weiße Marmorbalustrade umzirkte das Gestade des Sees, und über seiner Schmalseite schwang sich, dem gähnenden Rachen eines Wasserungeheuers gleich, der dreifache Bogen einer Marmorbrücke. Der Pavillon, der auf der Brücke halb über dem Wasser hing, wurde als nächster Rastplatz gewählt.

Daß dieser entzückende Wasserpavillon nicht nur eines poetischen Namens würdig sei, sondern unbedingt auch noch

durch einen siebenfüßigen Doppelspruch verherrlicht werden müsse, darüber bestand volle Einmütigkeit...
Es folgte ein Rundgang um den See, wobei jede Höhe, jeder Fels, jede Blume, jeder Baum zum Gegenstand eingehender Betrachtungen gemacht wurde."⁶⁵

Einfluß des chinesischen Gartens auf die europäische Gartenkunst: Deutscher Idealentwurf für einen Landschaftsgarten, um 1750

IX. GÄRTEN IN SUTCHOU UND SHANGHAI

Die besondere Atmosphäre Sutchous, seine von gepflegten Trauerweiden und Platanen bestandenen Straßen zwischen den fensterlosen, weißen Mauern mit ihren schwarzen Sockeln, Gesimsen und Dächern, zwischen denen da und dort ein ganz schwarz gefärbeltes Haus steht, so wie in den benachbarten Dörfern und Gutshöfen, die niedrigen, räumlich differenzierten Straßenfronten mit ihren einfachen Toren, hinter denen die Wohnhäuser ihre kultivierten Innenräume und Gärten verschließen – diese vornehm und zurückhaltend wirkende Atmosphäre wäre wohl nicht denkbar ohne die Anziehungskraft, die der Süden Chinas schon so früh auf Gelehrte, Künstler und die im alten China immer sehr gebildeten Beamten ausgeübt hat. Der kaum überbietbare Kontrast zwischen der anonymen äußeren Erscheinung dieser Häuser und dem farbig, phantasievoll und persönlich gestalteten Inneren wirkt wie die drastische Verkörperung des bekannten Satzes von Adolf Loos: „Das Haus sei nach außen verschlossen, nach innen entfalte es seinen ganzen Reichtum." Den für Europa zunächst kaum vorstellbaren inneren Reichtum zeigen heute noch die überraschend schönen Gärten bestimmter Häuser in Sutchou, die heute in gepflegtem Zustand öffentlich zugänglich sind.

„So stehen sie heute noch vor uns als Zeugnis der großen Rolle des chinesischen Gartens – der Verkörperung der beglückenden Befreiung von der strengen Ordnung städtischen gesellschaftlichen Lebens im selbst mitgeschafften kleinen Paradies der Naturschönheit.

Betritt man den Garten – häufig durch ein rundes Tor – trifft man auf unregelmäßige Formen und geschwungene Bewegung. Geschlängelte Wege mit unbearbeiteter Oberfläche sind absichtlich roh gelassen. Die „gesellschaftlichen Bindungen" fallen ab, wenn sich der Mensch dreht und wendet, um dem Weg der Natur entlang dem Gartenpfad zu folgen. Die Regeln für die Gartenarchitektur unterscheiden sich ganz grundsätzlich von denen der Palastarchitektur. Für den Palastbau wurden die größten und wertvollsten Holzbalken mindestens seit der späten Chou-Zeit (8.–13. Jh. v. Chr.) hoch geschätzt. Für Gartenanlagen aber mußte das „wertlose" Abfallmaterial kunstvoll verarbeitet werden. Hier besteht auch ein neues Verhältnis zwischen dem Menschen und seiner Architektur. Anstatt einer Reihe von rituellen Vorschriften zu folgen, wie bei dem Palastbau, nimmt der Mensch Anteil an der Planung seines eigenen Gartens und empfindet die Genugtuung, sich hier selbst ausdrücken zu können. Auch darf ein Garten – im Gegensatz zum Palast – nie endgültig geplant sein und geht ja auch wirklich – wie eine Gemälderolle – von einem Besitzer auf den anderen über, erhält dabei immer neue Nachschriften und wird so zu einem Symposion durch die Zeiten. Daher ist jede besondere Gartenanlage nur ein kurzer Blick im Wechsel der Szenen.

Dieses einfache und harmlose Verlangen nach Befreiung von einem Wertmaßstab, um einen anderen an seine Stelle zu setzen, liegt im Dunkel der Geschichte des chinesischen Gartens – einer Geschichte voll melodramatischer Versuche, den herrlichsten Garten anzulegen.

Da gab es zahlreiche Menschen, die „in einem Sandkorn das Universum" sahen und über ihren kleinen, bescheidenen Hinterhof glücklich waren. Ein gutes Beispiel aus dieser Zeit ist der kleine Garten von Ssu-ma Kuang, bekannt wegen seiner Schlichtheit. Noch zahlreicher sind die Künstler, die keinen Garten brauchen, um weite Landschaften im Bild darzustellen oder in einem Insekt den ganzen Traum des Lebens abzubilden. In dieser Beziehung haben der chinesische und der indische Weise die gleiche Botschaft an uns: im Besitz höherer geistiger Kräfte braucht man keine „Fähre" um „das andere Ufer" zu erreichen.

Vielleicht steckt hinter dem Lob dieser Seite des Gartens eine tiefere Bedeutung. Von der Planung der frühen Gräber bis zu den späten Palästen läßt sich eine Entwicklung nach einer abstrakten Ordnung hin erkennen, angetrieben durch das Bedürfnis nach geistiger Sicherheit. Die Gestaltung des Gartens, als Gegenpol und ebenso alte Sehnsucht, bot eine andere Sicherheit: für den intellektuell Verbannten die romantische Rückkehr zur Natur und einen neuen Sinn für das Einssein mit ihr."[66]

In dem ältesten dieser Gärten, der schon um 1350 von einem Mönch angelegt worden sein soll und der im Hinblick auf einige zu Assoziationen anregende Steingruppen „Shi-tzu-lin" – Löwenwäldchen – heißt, ist das ursprüngliche symbolische Konzept der alten Palastgärten noch deutlich zu spüren: in einer großen, dominierenden, von steilen und zerklüfteten Felsufern umgebenen Wasserfläche stehen Steinblöcke als offenkundige Erinnerung an die „Inseln der Unsterblichen im östlichen Meer". Andererseits haben die Pavillons am Rande durch viele Restaurierungen an Überzeugungskraft eingebüßt. Man betritt den Garten durch einen kleinen, ruhigen, schönen Hof mit Mondtor, mit alten Steingruppen und einer Magnolie und gelangt sodann nach einer längeren Wanderung über die

Felsenufer durch einen engen, dunklen, gewundenen Felsentunnel auf einen Gipfel, der von uralten, bizarren, zum Teil schon entrindeten Nadelbäumen überdacht ist. In ihrem Schatten stehen riesige Steine, teils in Form hoher, schlanker Nadeln aus Urgestein, die den Stämmen der Föhren konkurrieren, teils in Form großer, zu abenteuerlichen Formen ausgewaschener Kalksteinblöcke, denen der Garten seinen Namen verdankt – insgesamt eine unerhört spannungsreiche Folge kontrastierender, ja dramatischer Raum- und Formerlebnisse, wie sie wohl von keinem anderen Garten erreicht oder gar überboten werden.

Der später entstandene wesentlich größere „Cho-Chengyuan" – „Garten der Politik des Einfältigen" – unterscheidet sich trotz aller Ähnlichkeit des Grundkonzeptes mit seiner mittleren, dominierenden Wasserfläche in seinem Stimmungsgehalt vom „Löwenwäldchen" entscheidend: der ganze Gartenraum wirkt ruhig, einladend und im Gegensatz zu den meisten anderen chinesischen Gärten einfach und übersichtlich in der Gesamtanlage, worauf vielleicht auch der Name des Gartens anspielt. Schon nahe dem Eingang bietet ein kleiner Pavillon von quadratischem Grundriß mit großen, kreisrunden Mondöffnungen in jeder Wand Aussicht nach allen Seiten. Am anderen Ende der zentralen Wasserfläche tritt eine von Hallen und Pavillons umbaute breite Terrasse unmittelbar an das Wasser heran, dessen abzweigende Nebenarme von hölzernen Galerien zwischen Pavillons überbrückt werden; und in einem etwas abgesonderten Teil überrascht eine riesige Sammlung alter Zwergbäume aller Art und Größe, die vor einer weißen Mauer stehen, vor der sich ihr feines Geäst wie eine reiche Graphik abzeichnet.

Hier, wie in den verschiedenen Pavillons dieses Gartens, die sich mit überdeckten Terrassen zu ruhigen begrenzten Teilen des Gartenraums öffnen, ist jene Stimmung des entspannten, beschaulichen Naturerlebnisses zu fühlen, die man wohl als Voraussetzung jenes Eingehens in den „Weg" oder „Sinn", in das „Tao", als Vollendung des Lebens zu verstehen hat, in dem sich für chinesische Vorstellungen die Persönlichkeit erfüllt.

Diese Grundhaltung hat offenbar auch dem „Garten des Verweilens" Namen und Charakter gegeben, obgleich er nicht um eine einheitliche, übersichtlich gegliederte Wasserfläche gruppiert ist, sondern mit mehreren Räumen um gegliederte Wasserflächen und damit dem alten Ziele der gewundenen Ufer mit ihren überraschend wechselnden Bildern entspricht – und Überraschungen bietet dieser Garten auch in den Details. Hinter einem repräsentativen Vorhof mit Ahnen-

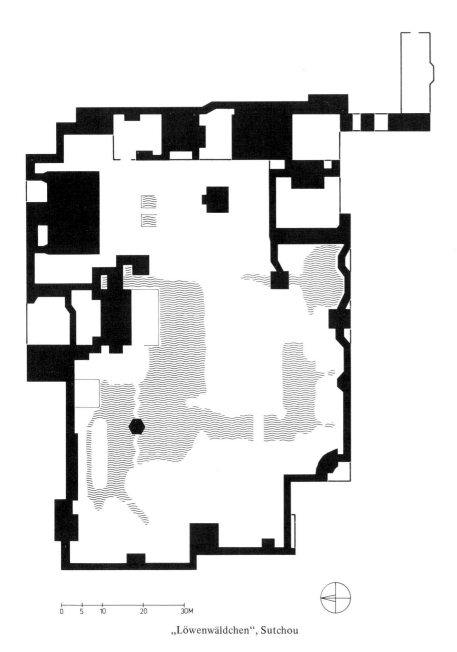

„Löwenwäldchen", Sutchou

tempel gelangt man in einen gedeckten, verhältnismäßig dunklen Gang mit seitlichen polygonalen und rechteckigen Öffnungen, durch die man von der Sonne beleuchtete Nischen erblickt, in denen bizarre Steine, Päonien und im Winde bewegter Bambus stehen, dessen bewegte Schatten auf die weiße Mauer unmittelbar dahinter fallen: hier ist Gartenkunst nicht mehr Malerei oder Lyrik allein, sondern auch Film geworden, während sie andererseits mit den Wirkungen der Plastik arbeitet, wenn in Mauernischen mit runden und rechteckigen Blicköffnungen riesige, phantastisch geformte Steinblöcke stehen, die da und dort von den Ranken alter Glyzinien umwunden sind. Schließlich lädt im rückwärtigen Teil des Gartens eine reiche Sammlung alter, großer und interessanter Zwergbäume zum Betrachten und „Verweilen" ein.

Nichts von der lebendigen Fülle dieser Gärten ist von den Straßen auch nur zu ahnen – sie verschwinden hinter den schwarzen Dächern der Nachbarhäuser, und auch die einfachen weiß-schwarzen Eingangsbauten oder die einfachen dunklen Türen an der Straße verraten nichts.

Diese Haltung entspricht der anderer alter Kulturen; auch die weiträumigen und oft luxuriösen Höfe der antiken Häuser des Mittelmeerkreises sind immer den Blicken von außen verborgen geblieben und erst recht die mohammedanischen Häuser Persiens oder der türkischen Wohnkultur am Balkan. Und kein Blick dringt von außen in die märchenhaften Gärten der Alhambra.

Sogar die großen, repräsentativen barocken Schloßgärten sind ja in den meisten Fällen zum größeren Teil von Mauern umgeben, und auch die Höfe und Gärten der bescheidenen Wiener Bürgerhäuser des Biedermeier haben ihre kleinen Höfe und Gärten hinter Mauern verborgen – wie im Zentrum Londons in St. James, wo die großen Gärten hinter hohen Ziegelmauern versteckt sind.

Worin ist demgegenüber der Vorgarten-Fetischismus unserer Bauordnungen und aller von ihnen total verdorbenen Vororte begründet, wo die Gärten der ringsum frei stehenden Einzelhäuschen hinter durchsichtigen Gittern nicht nur den Blicken aller Vorübergehenden ausgeliefert werden, sondern auch dem Lärm, Staub, Gestank und den Giftgasen von den Straßen, während auch die hinter den Häusern liegenden Gartenteile offen vor den Blicken der ringsum stehenden Häuser daliegen, solcherart als Privatraum bis zur Unbrauchbarkeit entwertet?

Chinesische, orientalische, mediterrane Gärten repräsentieren nicht, sie wollen nicht mehr scheinen, als sie sind: ihre Welt

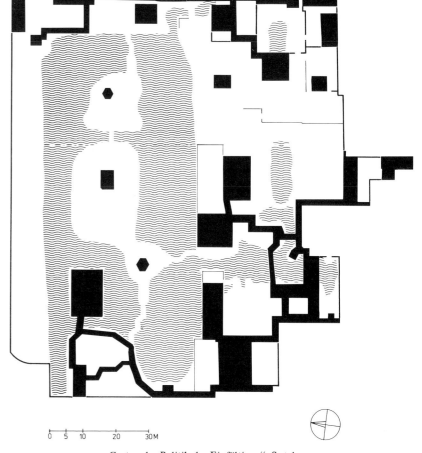

„Garten der Politik des Einfältigen", Sutchou

ist in Übereinstimmung mit den persönlichen Bedürfnissen und Vorstellungen des Besitzers und genügt ihm daher. Jeder solche Garten, am deutlichsten der chinesische, ist eine in sich geschlossene, sich selbst genügende Einheit, ein Mikrokosmos, Spiegelbild des Universums, wenn auch in bescheidenster Form.

„Nicht größer als zehn Klafter ist mein Haus, drei Klafter sein Garten. Jemand sagte einmal, es sei klein und außerdem häßlich. Wenn das Haus auch häßlich ist, kann man es doch betreten, und wenn der Garten auch schmal ist, kann man doch zum Himmel emporblicken. Für alle Fälle genügt es, um an die Ewigkeit zu denken. Weil der Götter Sonne und Mond selbst diesen Platz bescheinen, kommen auch die Jahreszeiten zu Besuch, Wind, Regen, Schnee und Hagel im steten Wechsel, und so fehlt es nie an Vergnügen. Schmetterlinge kommen und gaukeln, Zikaden kommen und schrillen, Vögelchen kommen und hüpfen herum, und dazu zirpen die Herbstgrillen. Schaut man sich bedächtig um, so kann man den Reichtum des Weltalls wirklich in einem Gärtchen von drei Klaftern im Überfluß empfinden."

Das Recht auf uneingesehene Privatsphäre, auf den Garten als Refugium und Ort ungezwungenen persönlichen Umganges mit der Natur, als Ort der Freiheit von Zwecken und Pflichten, sollte als einer der elementarsten und ältesten menschlichen Ansprüche auch von unseren Städten, Bauordnungen und Baubehörden respektiert werden.

„Der Garten ist der Ort der Freiheit, an dem wenigstens an einer Stelle das System der Händler, dem wir ausgeliefert sind, unwirksam gemacht werden kann."[67]

Oder sollte der in manchen unserer Großstädte geführte Kampf gegen individuelle Wohnungen und Gärten, zum Beispiel auch gegen die alten Kleingartenkolonien, zu den Vorstellungen einer alles erfassenden und kontrollierenden „Öffentlichkeit" gehören, die einige Jahre lang ganz irrtümlich Ballung und Massenhaftigkeit auch als Voraussetzung von Kommunikation und guten Sozialkontakten propagiert hat – während inzwischen nachgewiesen worden ist, daß in Wirklichkeit das Gegenteil der Fall ist?

Weil hinter sichtbaren Zäunen liegende, von außen eingesehene Gärten keinen wirklichen Privatcharakter haben, können sie mit gebauten Wohnräumen kaum jene selbstverständliche Einheit eingehen, die für das chinesische Haus mit seinen zum Innenhof gewendeten Fronten typisch ist. Wenn diese Fronten auch nicht so weitgehend durchsichtig sind wie die vieler moderner Häuser, sondern hölzerne Gitterwände bilden, die früher noch mit Papier verschlossen waren, so entsteht doch eine überzeugendere, weil funktionell begründete Einheit – Haus und Hof sind in gleicher Weise uneingesehene Privatsphäre – als in den zahlreichen Fällen, in denen sich moderne Wohnräume mit großen Glaswänden zu lärmenden Straßen oder von außen eingesehenen „Grünflächen" öffnen, die kaum bewohnbar sind.

In den „Gartenhäusern" von Sutchou aber ist die Verbindung oder der Übergang zwischen Innen und Außen, zwischen gebauten Räumen und Gartenräumen – die man in China ebenfalls „gebaut" nennt – durch die Zwischenstufen der gedeckten Wandelgänge und Gartenpavillons weiter entwickelt und aufs höchste kultiviert worden.

Diese Wandelgänge mit ihren stets von unten offen sichtbaren leichten Dachstühlen, die auf möglichst wenigen, schlanken, runden Holzstützen stehen, haben fast immer mindestens zweierlei Raumbeziehung – einmal zu einer mehr oder weniger geschlossenen, manchmal durch vielfältig gestaltete Öffnungen durchbrochenen Seitenwand, die den Wandelgang in einigem Abstand so begleitet, daß genügend Raum bleibt, das filmische Spiel von Sonne und Schatten auf bizarren Steinen, bewegtem Bambus oder Päonien zu zeigen, und eine andere, die sich zum Garten öffnet. Freilich ist diese Öffnung in China bezeichnenderweise fast immer oben und unten von zarten hölzernen Gittern begleitet, die die Grenzen des Raumes unter dem Dach des Wandelganges gegen den Garten zart und zurückhaltend, aber trotzdem klar und deutlich bezeichnen – wie ja überhaupt Gitter als transparente, aber deutliche Trennung zwischen Höfen oder als Umrahmung von Fensteröffnungen immer eine große Rolle spielen.

Außerdem öffnen sich auf dem Weg unter diesen in abwechslungsreichen Knicken geführten Gängen immer neue Blicke nicht nur seitlich, sondern auch in die Tiefe des Raumes. Nicht zuletzt kommen in den Umwegen, die man unter diesen Gängen ebenso wie auf den an gebrochenen Linien geführten Brücken macht, Ruhe und Beschaulichkeit zum Ausdruck – ganz im Gegenteil zu unserer Tendenz, stets auf dem kürzesten, also geraden Weg, so rasch als möglich „ans Ziel" zu gelangen, verhelfen die Umwege auf den Wandelgängen und Zickzackbrücken zu immer neuen Ausblicken, laden zum Aufenthalt ein, der nötig ist, um ein Bild zu betrachten, Raum zu erleben, sich mit dem Garten eins zu fühlen. Schwerpunkte dieses beschaulichen „Lustwandelns" bilden die Pavillons, die an besonders schönen Stellen, auf einem Hügel, unmittelbar am Ufer, über das Wasser auskragend, oder mitten im Wasser mehr schweben als stehen und auf die verschiedenste Weise mit ihrer Umgebung verbunden oder von ihr isoliert sind, von dem ganz offenen Raum, den ein Dach auf vier runden Holzsäulen mit Hilfe der zwischen ihnen gespannten Gitter nur andeutet, über mehr oder weniger dichte Vergitterung der Wände bis zu geschlossenen Mauern, die von kreisrunden Mondtoren oder polygonalen Fenstern und Türen durchbrochen sind.

Ähnliche Gartenhäuschen sind ja auch anderen Kulturen geläufig: in der bekannten Beschreibung, die der jüngere Plinius von seinem „Laurentinum" gegeben hat, spielt ein über einen langen Wandelgang erreichbares Gartenhaus eine Rolle, in das man sich vor ungebetenen Gästen zurückziehen kann; hölzerne „Lusthäuschen" haben in unseren alten Bürger- und Bauerngärten als räumlicher Gegenpol des Wohnhauses in der äußersten, ruhigsten Ecke des Gartens, an oder auf der Gartenmauer, immer eine wichtige Rolle gespielt. Wir finden sie in den schönen Gärten, mit denen Josef Hoffmann seine Häuser umgeben hat, als weiße, aus Gittern gebildete Pavillons, und im japanischen Teehaus haben sie wohl die inhaltsreichste, bedeutendste Verkörperung gefunden.

Umso merkwürdiger ist es, daß aus „modernen" Gärten diese für die Wohnlichkeit so wichtigen Elemente verschwunden sind.

In dem schönsten, elegantesten und „modernsten" Haus in Sutchou, dem Haus des „Meisters der Netze", sind die Grenzen zwischen Wohnhaus und Gartenhäuschen fast verschwunden bzw. durch verschiedenartige Bindeglieder ersetzt: die allseits freie Terrasse in einem Gartenhof, der Sitzplatz unter einem Dach auf vier Stützen, das von zarten Gittern begleitet wird, die überdeckte Terrasse am Wasser, der von hölzernen Gittern umgebene Aufenthaltsraum, von dessen Fenster man auf Felsgruppen und Bambus blickt.

Auch innerhalb des Hauses spielen plastische Felsgruppen eine Rolle, die hinter einem Fenster stehen, das von feingliedrigen Gittern umgeben ist, wodurch die Fensteröffnung nicht wie ein hartes Loch in der Mauer wirkt, sondern gleichsam schrittweise in die Wandfläche übergeht. Vor diesem Fenster steht auch im Inneren auf einem Tischchen ein kleiner interessanter Stein. So hat der alte Gedanke der Felseninsel der Unsterblichen im östlichen Meer über die Seen der Palastgärten und die Teiche und Steine in den Gärten der Wohnhäuser seinen folgerichtigen Weg bis in den Wohnraum hinein gefunden, wo er eine Art Kontrastpunkt bildet, durch den die ruhige, strenge und elegante Wirkung des gebauten Raumes mit seinen weißen Mauern gesteigert wird, an denen schwarz-weiße Steinabreibungen und schmale Rollbilder hängen, mit seinen sehr schlanken, glänzend schwarz

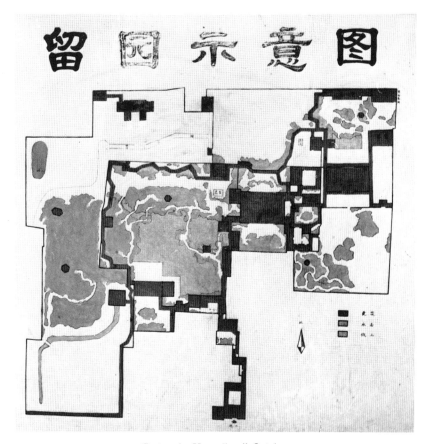

„Garten des Verweilens", Sutchou

Gartenpavillon, Entwurf von Josef Hoffmann, Wien

polierten, runden Säulen auf Steintrommeln, die auf dem Steinboden stehen, dem dunklen, durchwegs sichtbaren Dachgebälk und den raumhohen, roten, hölzernen Gittertüren, die sich nach Süden zu dem ebenfalls von weißen Mauern umgebenen Hof mit seinen beiden Magnolienbäumen und dem reich verzierten grauen Steintor mit den steinbelegten Türflügeln öffnet – insgesamt ein klarer, zurückhaltender Hintergrund für die Buntheit eines Lebens, das diese Räume früher mit farbigen Seidengewändern erfüllt hat und heute noch mit leuchtend farbigen Lampions belebt.

Den Einfluß von Zeit und Ort auf die Entwicklung des chinesischen Gartens zeigt ein Vergleich des bekannten, in der zweiten Hälfte des vorigen Jahrhunderts entstandenen Gartens einen Mandarins in Shanghai – Yü-yuan – mit den Gärten von Sutchou. Während diese, von außen kaum auffindbar, ganz hinter Mauern und Dächern verschwinden, sind in Shanghai die ausdrucksvoll aufgebogenen, schwarzen Dächer hochliegender, zum Teil zweigeschossiger Pavillons schon von weitem über den Mauern des Gartens zu sehen, die oben von der schwarzen Wellenlinie des schuppenbedeckten Schlangenkörpers des alten Drachensymbols begrenzt sind. Zu dem Schwarz-Weiß der Mauern, Sockel, Dächer, Gesimse und den blauen keramischen Gittern in den Maueröffnungen tritt das rotlackierte Holz zahlreicher Pavillons, die zum Teil auf die Spitze hochgetürmter Felseninseln gestellt sind, zum Teil Höfe bilden, die von roten Gitterwänden umschlossen sind. Rot lackierte Bänke mit schrägen Lehnen begleiten die Wandelgänge, verschiedenartige Holzgitter trennen wie Schleier die Raumabschnitte und Höfe voneinander; alles in allem sind auch in der Gestalt dieses Gartens formale Parallelen zur gleichzeitigen europäischen bildenden Kunst unverkennbar – wie eine gewisse Überladenheit der Details, die weniger klar und ursprünglich als eklektisch oder manieriert wirken.

Obgleich auch hier Wasserflächen eine Rolle spielen, aus denen Felsen oder regelmäßige senkrechte Natursteinmauern aufsteigen, über denen hohe Holzpavillons stehen, bildet das Wasser keine so dominierende Rolle mehr wie in Sutchou. Die hohen Mauern, die die einzelnen Teile des Gartens weitgehend voneinander trennen, sind nicht nur von kreisförmigen Mondtoren durchbrochen, sondern auch von anderen, frei geformten Öffnungen, die oft von ornamentalen Linien begleitet werden. Zwischen rötlichen, quaderförmigen Steinblöcken, Gartenmauern und Pavillons entstehen enge Wege als wirksamer Kontrast zu weiten Plätzen, auf denen die großen, bizarren Kalksteinblöcke stehen. Palmblätter werfen

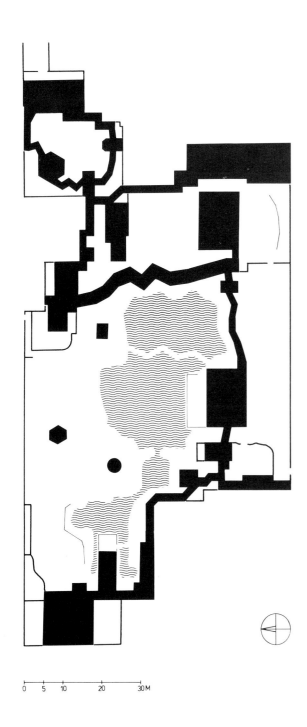

„Garten der Harmonie", I-Yuan", 1880, Sutchou

fingerförmige Schatten auf weiße Mauern, große Kamelienbäume mit einfachen zinnoberroten Blüten stehen in großen Töpfen an den Wegen, rote Holzgitter verschiedener Art trennen Höfe von Wegen und Pavillons ab.

Hinter dieser betont kontrastreichen und sehr vielfältigen Gestaltung steht hier offenbar der Wunsch nach Wirkung, vielleicht auch nach Repräsentation in unserem Sinne – nicht unähnlich dem Charakter europäischer Architektur derselben Zeit, deren schöpferische Qualität man ja in den letzten Jahren zu verstehen begonnen hat.

Auch in diesem späten Garten kommt aber der Charakter, das Konzept und die weltanschauliche Grundlage aller chinesischen Gärten sehr fühlbar zum Ausdruck.

Unabhängig vom zeit- und stilbedingten Wechsel der Formensprache faszinieren alle chinesischen Gartenräume durch den Reichtum malerischer, plastischer und räumlicher Erlebnisse, die eine unerschöpfliche Phantasie und hohe Sensibilität gärtnerischer Gestaltung bietet, die tatsächlich Plastik, Malerei, Lyrik – und Film! – zugleich ist – eine Welt lebendiger Vielfalt von großem Reichtum, die trotzdem nirgends chaotisch, sondern immer beruhigend einheitlich wirkt, weil sie einen Mikrokosmos darstellt, der sich bei aller Freiheit im Einzelnen immer übergeordneten Lebensgesetzen einfügt und vor allem die chinesische Welt-Anschauung bzw. Welt-Vorstellung im wörtlichen Sinne verkörpert, also Sinnbild des Universums bleibt, dessen Gesetzmäßigkeiten sich der Mensch bescheiden unterordnet – und vielleicht auch in dieser Hinsicht für den Westen von einigem Interesse sein müßte.

BILDERLÄUTERUNGEN:

Seite 182:
Bambus aus der „Zehn-Bambus-Halle".

Seite 183:
In den Seitenwänden der Wandelgänge öffnen sich Mauernischen, in denen zarter Bambus Schatten auf den weißen Hintergrund der Mauern wirft. „Garten des Verweilens", Sutchou.

Seite 184:
Felsgruppen, Päonien und Magnolien im „Garten des Verweilens", Sutchou.

Seite 185:
Gartendetail aus dem „Garten der Politik des Einfältigen", Sutchou.

Seite 186:
Pavillon mit vier kreisförmigen Mondtoren am Eingang des „Gartens der Politik des Einfältigen", Sutchou.

Seite 187 links:
Gedeckte Brücke über einen Seitenarm des Teiches im „Garten der Politik des Einfältigen", Sutchou.

Seite 187 rechts:
Pavillon inmitten des Teiches des Westklosters, Sutchou.

Seite 188:
Gartenpavillon im „Garten der fröhlichen Stimmung" mit Steinabreibungen an den Wänden.

Seite 189:
Steingruppe im Eingangshof des „Löwenwäldchens" in Sutchou.

Seite 190:
Bizarre Steine und Bäume auf der Felsenkuppe des „Löwenwäldchens", Sutchou.

Seite 191:
Eingang zum „Löwenwäldchen", Sutchou.

Seite 192:
Felsen im „Löwenwäldchen", Sutchou.

Seite 193:
Gartenterrasse am Wasser mit blühender Magnolie und achteckigem Tor im „Garten der Politik des Einfältigen", Sutchou.

Seite 194:
Bizarre Steine von Glyzinien umrankt in einer Nische im „Garten des Verweilens", Sutchou.

Seite 195:
„Garten des Meisters der Netze", Sutchou: Unscheinbarer Eingang von außen und Vorhalle mit Lampion im Inneren.

Seite 196:
Blick vom Wohnraum in den Vorhof des „Hauses des Meisters der Netze", Sutchou.

Seite 197:
Wohnraum mit schwarzen Säulen und Steinabreibungen im „Haus des Meisters der Netze", Sutchou.

Seite 198:
Über die zentrale Wasserfläche im „Garten des Meisters der Netze" führt eine im Zick-Zack geführte Steinbrücke.

Seite 199:
Bizarre Steine und Bäume erfüllen die engen Räume zwischen den Pavillons im „Garten des Meisters der Netze", Sutchou.

Seite 200:
Hinter den von zarten Gittern umrahmten Fenstern erblickt man Kompositionen von Steinen und Pflanzen, die, im Winde zitternd, bewegte Schatten auf die weißen Mauern werfen.

Seite 201:
Bizarre Steine vor und hinter dem Fenster in einem Wohnraum im „Haus des Meisters der Netze", Sutchou.

Seite 202:
Pavillon mit Gitterfenster im „Garten des Meisters der Netze" von außen.

Seite 203:
Gartenpavillon am Teich im „Garten des Meisters der Netze", Sutchou.

Seite 204:
Vorhof mit Steintor und Magnolie im „Haus des Meisters der Netze", Sutchou.

Seite 205:
Großer bizarrer Stein und Mondtor im Yü-Garten, Shanghai.

Seite 206:
Stark plastische Fenster- und Dachdetails im Yü-Garten, Shanghai.

Seite 207:
Eng umbauter Gartenraum im Yü-Garten, Shanghai.

Seite 208:
Besucher im Yü-Garten, Shanghai.

Seite 209:
Gartenpavillon im Wasser im Yü-Garten, Shanghai.

Seite 210:
Hof und Sitzbank unter einem Wandelgang im Yü-Garten, Shanghai.

Seite 211:
Einheit von Felsen, Mauern, Dächern und Pflanzen im Yü-Garten, Shanghai.

Seite 212:
Rote Holzgitter als transparente Trennung von vielfältigen Außen- und Innenräumen im Yü-Garten, Shanghai.

Seite 213:
Mond hinter Bambus aus der „Zehn-Bambus-Halle".

鳳枝吟月

ANMERKUNGEN

Seite		
8	1	Dschuang Dsi: „Das wahre Buch vom südlichen Blütenland" in der Reihe „Die Philosophie Chinas", Diederichs-Verlag, Düsseldorf 1972, S. 223
8	2	Carl Amery: „Das Ende der Vorsehung. Die gnadenlosen Folgen des Christentums", Rowohlt Verlag, Reinbek bei Hamburg 1972
8	3	Lily Abegg: „Ostasien denkt anders. Eine Analyse des west-östlichen Gegensatzes", Verlag Kurt Desch, München–Wien–Basel 1970, S. 110
9	4	Hans Paul Bahrdt: „Die moderne Großstadt. Soziologische Überlegungen zum Städtebau". Rowohlt Taschenbuch-Verlag, Reinbek bei Hamburg 1961, S. 115
11	5	Claude Roy: „La Chine. Dans un Miroir", Editions Clairefontaine, Lausanne 1953, S. 137
11	6	Claude Roy, S. 118, siehe Anmerkung 5
11	7	Michele Pirasolli-L'Serstevens: „China" in „Weltkulturen der Baukunst", Hirmer Verlag, München 1970, S. 40
12	8	„Frühling und Herbst des Lü Bu We" in der Reihe „Die Philosophie Chinas", Diederichs-Verlag, Düsseldorf 1971
13	9	Arthur von Rosthorn: „Das soziale Leben der Chinesen", Der Neue Geist-Verlag, Leipzig 1919, S. 7
13	10	Leberecht Migge: „Die wachsende Siedlung", Frankh'sche Verlagsbuchhandlung, Stuttgart 1932, S. 12
13	11	Johann Gunnar Andersson: „Der Drache und die fremden Teufel", F. A. Brockhaus, Leipzig 1927, S. 42
13	12	Hermann Mattern: „Gras darf nicht mehr wachsen", Ullstein, Berlin 1964, S. 161
14	13	Lily Abegg, S. 333, siehe Anmerkung 3
30	14	Lily Abegg, S. 203, siehe Anmerkung 3
31	15	Claude Roy, S. 77, siehe Anmerkung 5
45	16	Vance Packard: „Die ruhelose Gesellschaft", Econ Verlag GmbH, Düsseldorf–Wien 1973
45	17	Lily Abegg, siehe Anmerkung 3
45	18	Werner Speiser, Roger Goepper und Jean Fribourg: „Chinesische Kunst – Malerei, Kalligraphie, Steinabreibungen, Holzschnitte", Pawlak Verlag, Hersching 1965/74, S. 277
45	19	Lily Abegg, S. 222, siehe Anmerkung 3
46	20	Marcel Granet: „Das chinesische Denken – Inhalt, Form, Charakter", R. Piper & Co Verlag, München 1971
48	21	Marco Polo: „Von Venedig nach China", Horst Erdmann Verlag, Tübingen 1972, S. 144
48	22	Jack Chen: „Das Jahr im Dorf Glückseligkeit", Diederichs-Verlag (gelbe Reihe), Düsseldorf 1973, S. 16
48	23	Claude Roy, S. 77, siehe Anmerkung 5
58	24	Nelson J. Wu (Wu No-sum): „Architektur der Chinesen und Inder", Otto Maier Verlag, Ravensburg 1963, S. 33
59	25	Hans Paul Bahrdt, S. 114–115, siehe Anmerkung 4
59	26	G. Guttmann: „Wohnerfahrung und Wirtschaftlichkeit einer fußläufigen Gartenstadt", Studie der Forschungsgesellschaft für Wohnen, Bauen und Planen, Wien 1974
116	26a	Marcel Granet, S. 321, siehe Anmerkung 20
116	27	Arthur von Rosthorn, S. 12, siehe Anmerkung 9
117	28	Marcel Granet, S. 16, siehe Anmerkung 20
117	29	Marcel Granet, S. 60, siehe Anmerkung 20
118	30	Richard Wilhelm: „Das Geheimnis der Goldenen Blüte", ein chinesisches Lebensbuch, Rascher Verlag, Zürich und Stuttgart 1929, S. 14
118	31	Lily Abegg, S. 37, siehe Anmerkung 3
118	32	Werner Heisenberg: „Schritte über Grenzen", Piper Verlag, München 1973, S. 240–241
119	33a	Marcel Granet, S. 23, 25, 26, 27, 30, 58, 316, siehe Anmerkung 20
129	33	„Frühling und Herbst des Lü Bu We", S. 1, 67, siehe Anmerkung 8
130	34	Eduard H. Schafer: „China, das Reich der Mitte", Rowohlt Verlag, Reinbek bei Hamburg 1973, S. 106–108
130	35	Eduard H. Schafer, S. 44, siehe Anmerkung 34
132	36	Norberg Schulz: „Logik der Baukunst", Bauwelt Fundamente, Band 15
143	37	Anil de Silva: „Chinesische Landschaftsmalerei am Beispiel der Höhlen von Tuan-Hang", Holle Verlag, Baden-Baden 1964, S. 29
143	38	Anil de Silva, siehe Anmerkung 37
146	39	Loraine Kuck: „The World of Japanese Gardens", Walker/Weatherhill, New York und Tokio 1968
146	40	Eduard H. Schafer, S. 209, siehe Anmerkung 34
148	41	Loraine Kuck, siehe Anmerkung 39
148	42	Loraine Kuck, siehe Anmerkung 39
153	43	Anil de Silva, S. 5, siehe Anmerkung 37
153	44	Anil de Silva, S. 71, siehe Anmerkung 37
153	45	Anil de Silva, S. 71, siehe Anmerkung 37
153	46	Osvald Sirén: „Gardens of China", Ronald Press Comp., New York 1949, S. 40
156	47	Eduard H. Schafer, S. 112, siehe Anmerkung 34
156	48	Loraine Kuck, siehe Anmerkung 39
156	49	Loraine Kuck, siehe Anmerkung 39
157	50	Loraine Kuck, siehe Anmerkung 39
157	51	Loraine Kuck, siehe Anmerkung 39
158	52	Loraine Kuck, siehe Anmerkung 39
158	53	Loraine Kuck, siehe Anmerkung 39
159	54	Loraine Kuck, siehe Anmerkung 39
159	55	Loraine Kuck, siehe Anmerkung 39
160	56	Loraine Kuck, siehe Anmerkung 39
160	57	Loraine Kuck, siehe Anmerkung 39
160	58	Loraine Kuck, siehe Anmerkung 39
161	59	Eduard H. Schafer, S. 113, siehe Anmerkung 34
161	60	Derek Clifford: „Geschichte der Gartenkunst", Prestel Verlag, München 1966, S. 256–257
163	61	Osvald Sirén, S. 117, siehe Anmerkung 46
171	62	J. O. Attiret, Briefe
173	63	William Chambers: „On Oriental Gardening", Dissertation
173	64	Derek Clifford, S. 283, siehe Anmerkung 60
174	65	„Der Traum der roten Kammer" aus dem Chinesischen von Franz Kuhn, Insel Verlag, 1951, S. 184
178	66	Nelson J. Wu, S. 47, siehe Anmerkung 24
178	67	Hermann Mattern, S. 163, siehe Anmerkung 12

BILDNACHWEIS

Seite	Autor, Quelle
6	Archiv Roland Rainer
10	Claude Roy (siehe Anmerkung)
12	Roland Rainer
15 oben	Claude Roy (siehe Anmerkung)
15 unten	Roland Rainer
16	Archiv Roland Rainer
17	Wilfried Posch
18–22 oben	Volksrepublik China
22 unten, 23	Wilfried Posch
24 oben	Volksrepublik China
24 unten	Wilfried Posch
25–28	Roland Rainer
29	Claude Roy (siehe Anmerkung)
31, 32	Andrew Boyd: „Chinese Architecture and Town Planning", London 1962
33	Wilfried Posch
34 links	Roland Rainer
34 rechts–38 links	Foto Gerlach
38 rechts	Wilfried Posch
39	Foto Gerlach
40	Wilfried Posch
41–44	Roland Rainer
46, 47	Archiv Roland Rainer
49–56	Roland Rainer
58	Roland Rainer: „Lebensgerechte Außenräume", Artemis Verlag, Zürich 1972
59	Philipp Johnson: „Mies v.d. Rohe", Verlag Niggli, 1947
60	Rudolf Kelling: „Das Chinesische Wohnhaus", Tokyo 1935
61–68	Roland Rainer
69 oben	Roland Rainer: „Ebenerdige Wohnhäuser", Wien 1948
70, 71	Roland Rainer
72 links	Osvald Sirén (siehe Anmerkung)
72 links–80	Roland Rainer
81–88, 91–100	Wilfried Posch
101–112	Roland Rainer
114 links	Archiv Wilfried Posch
114 rechts–115	Archiv Roland Rainer
121–128	Roland Rainer
129 oben	Eduard H. Schafer (siehe Anmerkung)
129 unten	Roland Rainer
131	Andrew Boyd (siehe S. 31)
133	Edmond Bacon: „Stadtplanung von Athen bis Brasilia", Artemis 1968
134–135	Roland Rainer
136	Archiv Roland Rainer
137	Foto Gerlach
138–140	Österreichisches Museum für Angewandte Kunst
141	China im Bild, Peking 28, Volksrepublik China
142	Roland Rainer
143	Otto Fischer: „Chinesische Landschaftsmalerei", München 1922
144–147	Archiv Roland Rainer
148	Otto Fischer (siehe S. 143)
149	Freer Gallery, Washington
150, 151	Archiv Roland Rainer
152	Freer Gallery, Washington
154	Archiv Roland Rainer
157	Speiser, Goepper und Fribourg (siehe Anmerkung)
159, 160	Otto Fischer (siehe S. 143)
162 oben	Julia Berrall: „Die schönsten Gärten", Econ-Verlag 1969
162 unten	Andrew Boyd, S. 121 (siehe S. 31, 32)
164	Otto Fischer (siehe S. 143)
165–168	Roland Rainer
173	Osvald Sirén (siehe Anmerkung)
174, 176–180, 182	Archiv Roland Rainer
183–190	Wilfried Posch
191–200	Roland Rainer
201–208	Wilfried Posch
209–212	Roland Rainer
213	Archiv Roland Rainer